もくじ

ハイレベ《ハイレベル》幼児こくご

初《しょ》級《きゅう》 1

小学1年生の学習を
楽しく先取りできる。

ハイレベ《ハイレベル》 幼児こくご

特色

●この問題集は、幼児のみなさんが小学1年生の内容を本格的に学習していただくことを念頭において編集しました。

●「いっしょにしましょう」→「ひとりでできるかな」→「どんどんやってみよう」→「なんてんとれるかな」の順にすべての章を構成していますので、無理なく順を追って理解を深めていくことができます。

ステップ 1

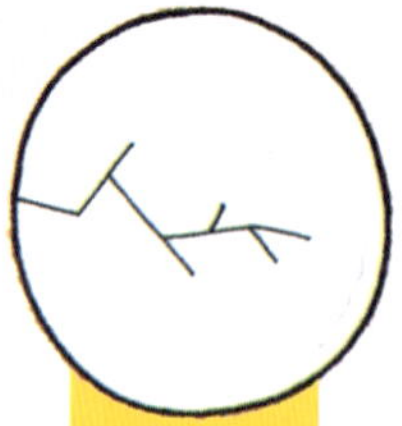

いっしょに　しましょう

お子様が国語の勉強に興味を持つように時間をかけてご指導下さい。

ステップ 2

ひとりで　できるかな

お子様が自分1人の力で問題を解いていけるように見守ってあげて下さい。

ステップ 3

どんどん　やってみよう

数多くの問題をこなすことにより学習内容の理解度をよりレベルアップさせて下さい

ステップ 4

なんてん　とれるかな

時間を決めて一定量の問題を解かせ、お子様の理解度を正しく把握して下さい。

1

ひらがなを　よむ

ステップ・1

一 ひらがなを よむ

いっしょに しましょう

一 ただしい ものに ○を つけましょう。

①  （　）いちご

②  （　）くれよん

③  （　）へび

④  （　）はさみ

⑤  （　）にんじん

⑥  （　）でんしゃ

⑦  （　）すいとう

二 なまえが 「か」で はじまる えに ○を、「さ」で はじまる えに △を つけましょう。

① （　）

② （　）

③ （　）

④ （　）

⑤ （　）

⑥ （　）

⑦ （　）

⑧ （　）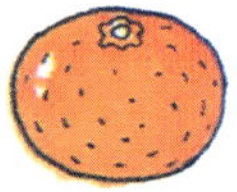

⑨ （　）

⑩ （　）

⑪ （　）

⑫ （　）

三 ことばと　えを　――で　つなぎましょう。

①

くつ・

②

ひも・

かんじ	よみかた	れんしゅう
一	イチ イツ ひと ひと-つ	一
二	ニ ふた ふた-つ	二
三	サン み み-つ みっ-つ	三

四 えの　どうぶつが　すきな　たべものは　どれですか。○を　つけましょう。

①

（　）ばなな
（　）ごぼう
（　）わかめ

②

（　）なし
（　）みかん
（　）まめ

かんじ	よみかた	れんしゅう
四	シ よ よ-つ よっ-つ よん	四
五	ゴ いつ いつ-つ	五
六	ロク む む-つ むっ-つ むい	六

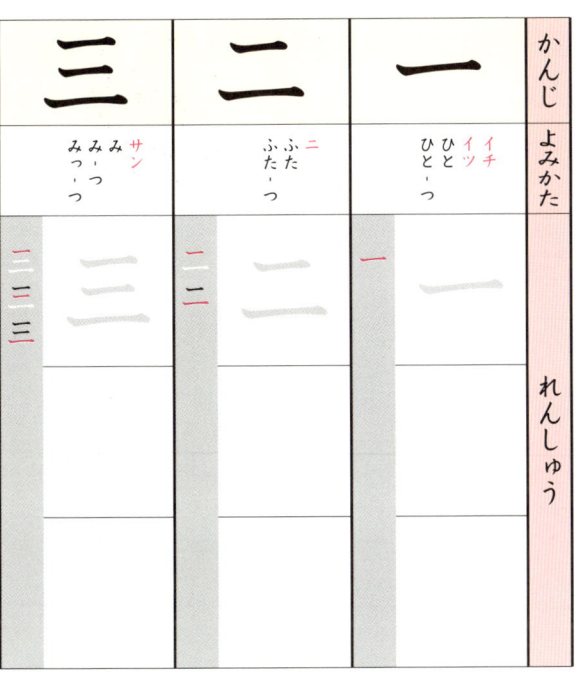

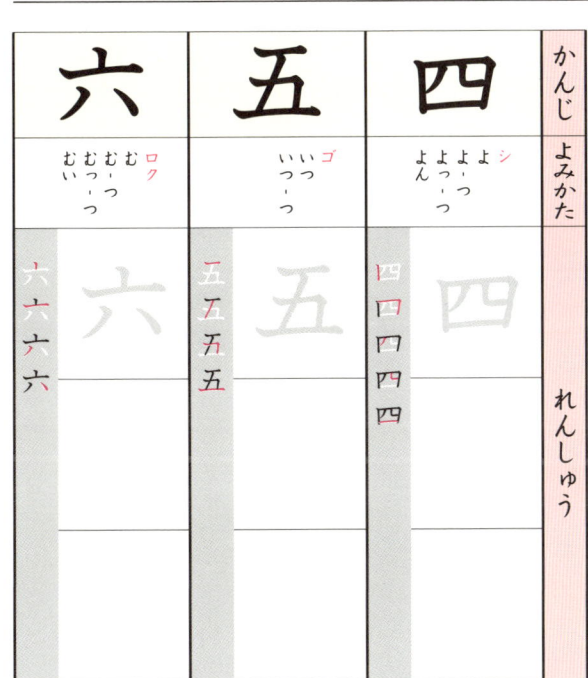

ステップ・2

一 ひらがなを よむ

ひとりで できるかな

一 えと ことばを つなぎましょう。

①

・りんご
・みかん
・ぶどう

②

・にんじん
・ごぼう
・だいこん

二 ひろしくんが みせて かって きたものに ○を つけましょう。

（かった もの）
・けしごむ
・えんぴつ
・ふでばこ
・おりがみ

①（ ）

②（ ）

③（ ）

④（ ）

⑤（ ）

⑥（ ）

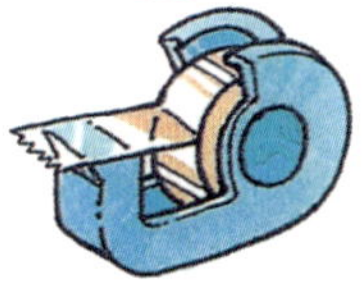

⑦（ ）

⑧（ ）

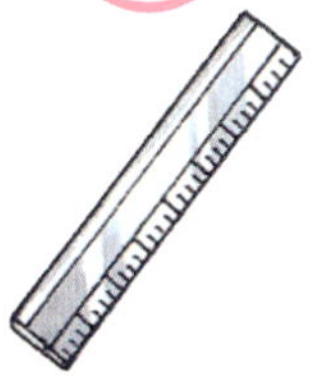

三

えの　なまえを　[　] から　みつけて　（　）に　あ～お　で　こたえましょう。

1（　）　2（　）　3（　）

あ はなび　い うきわ
う ぼうし　え みずぎ
お おもちゃ

四

つぎの　ことばの　なかで、「な」の　じを　みつけて　○で　かこみましょう。

すなはま・りんご
せっけん・とだな
だいこん・なみだ
かなづち・たまご

五

つぎの　どうぶつの　なかで、たべものを　もっている　のは　だれですか。○を　つけましょう。

（　）（　）（　）（　）（　）（　）

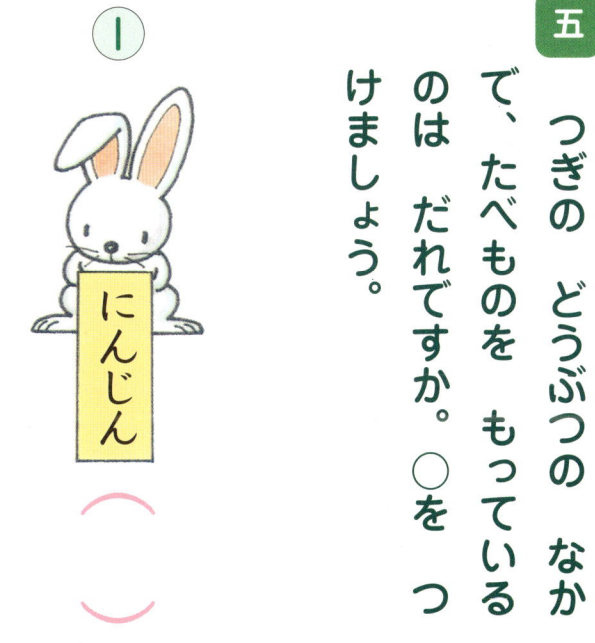

ステップ・3

一 ひらがなを よむ

どんどん やってみよう

一

くまさんが もって いる ことばと おなじ ことばに ○を つけましょう。

①

（　）さめ
（　）あし
（　）あみ
（　）かめ
（　）あめ

②

（　）かい
（　）かさ
（　）かた
（　）あさ
（　）かり

二

えと あう ことばを えらんで ㋐～㋙で こたえましょう。

①

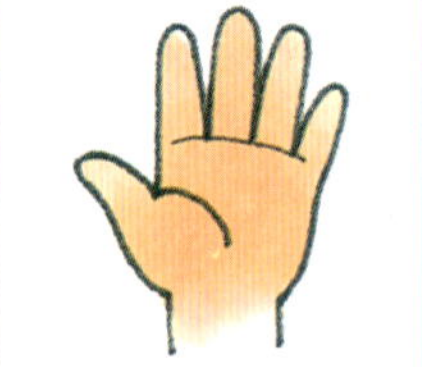

（　）

②

（　）

③

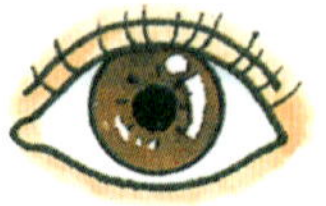

（　）

④

（　）

⑤

（　）

㋐	㋑	㋒	㋓	㋔	㋕	㋖	㋗	㋘	㋙
め	ゆび	くち	あし	て	みみ	うで	はな	ひざ	くび

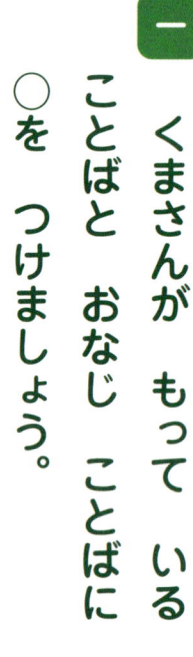

三 えを　みて　あとの　もんだいに　こたえましょう。

★いちばん　とおい　おみせは　どこですか。○を　かきましょう。

あ（　）おかしやさん
い（　）こうえん
う（　）くだものやさん
え（　）はなやさん

四 しごとで　つかう　どうぐに　○を　つけましょう。

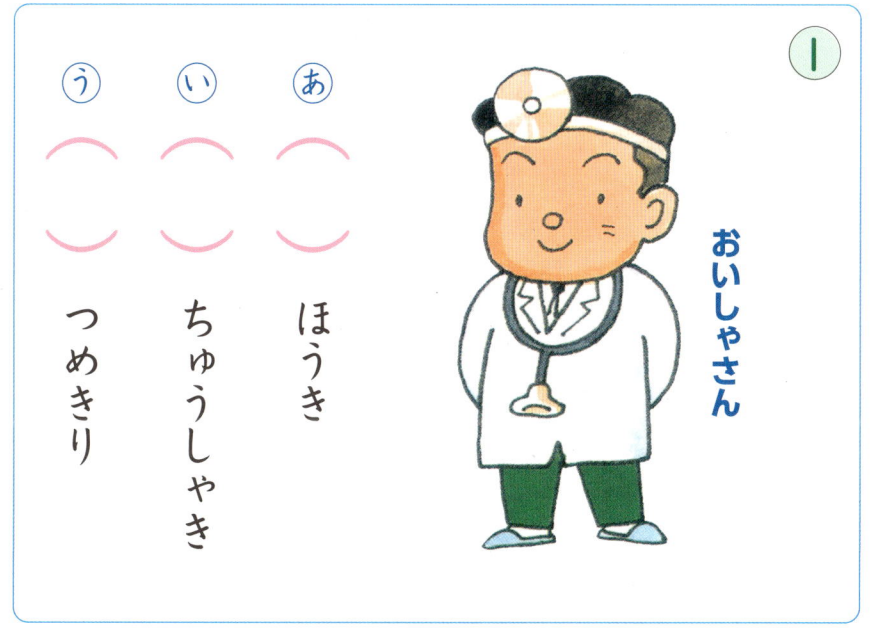

1

あ（　）ほうき
い（　）ちゅうしゃき
う（　）つめきり

2

あ（　）つりざお
い（　）かなづち
う（　）ほうちょう

ステップ・4

一 ひらがなを よむ

なんてん とれるかな

じかん 15ふん

とくてん ／100

一

えに あう ぶんを □ から えらんで （　）に かきましょう。（一つ5てん・15てん）

1

（　　）

2
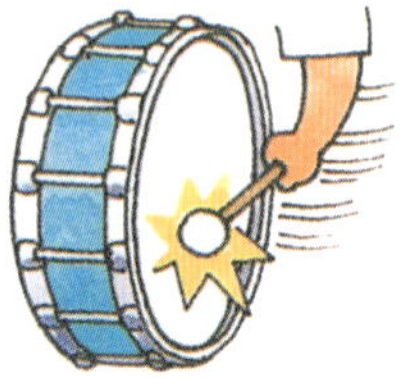
（　　）

3

（　　）

Ⓐ らっぱを ふく。
Ⓘ たいこを たたく。
Ⓤ すずを ならす。

二

しりとりが できる ように （　）に はいる ことばを □ から えらんで かきましょう。（一つ10てん・30てん）

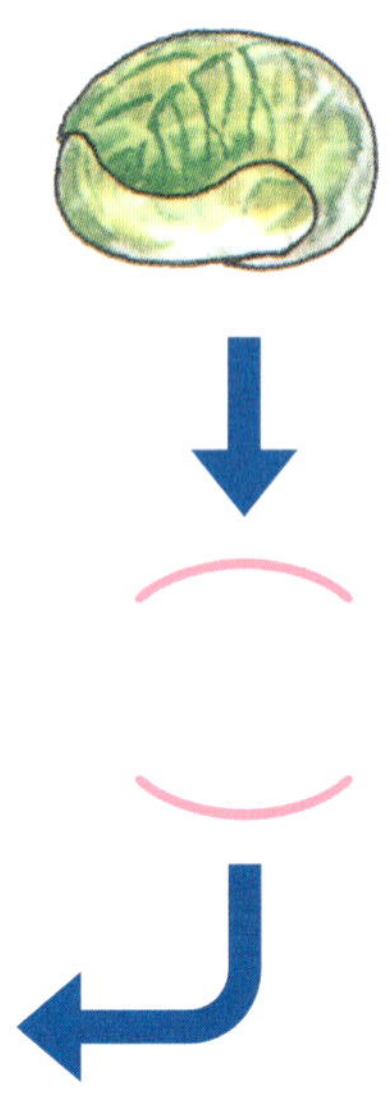

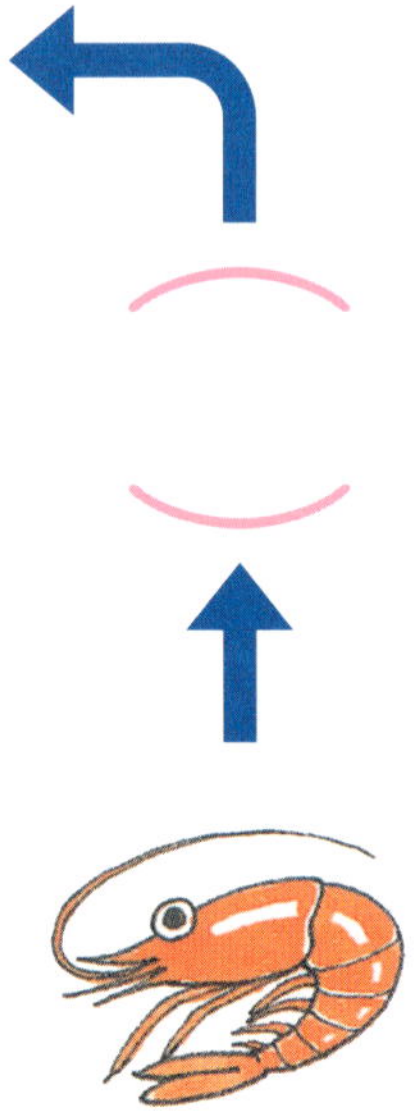

Ⓐ つくえ　Ⓘ つき
Ⓤ おやつ　Ⓔ くるま
Ⓞ びすけっと　Ⓚ こま
Ⓚ いぬ　Ⓚ いか

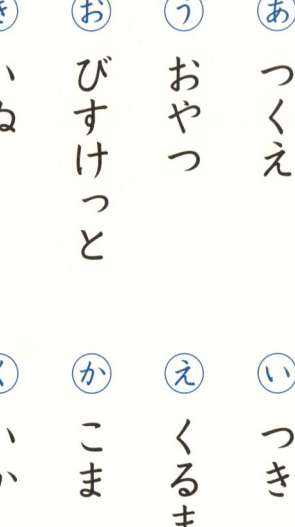

三

えの なまえを したから みつけて ○で かこみましょう。（一つ5てん・20てん）

①

ちくわ・わさび
はなわ・つくし
たくわん・ぼう

②

はし・あし
みみ・はな
そら・はれ

③

すり・そり
いも・ごま
くり・あり

④

さら・なべ
さじ・なみ
くし・なつ

四

なまえが「あ」で はじまる えを ○で かこみましょう。（一つ5てん・20てん）

五

うえの えと したの なまえを ——せんで つなぎましょう。（一つ5てん・15てん）

あめ
き
おにぎり

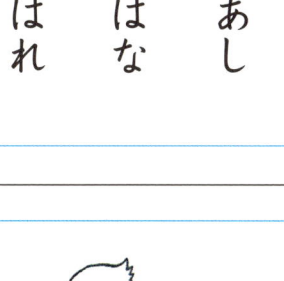

こくごクイズ 一

うえの じで はじまる ものを したから みつけて、——せんで つなぎましょう。

あ

か

さ

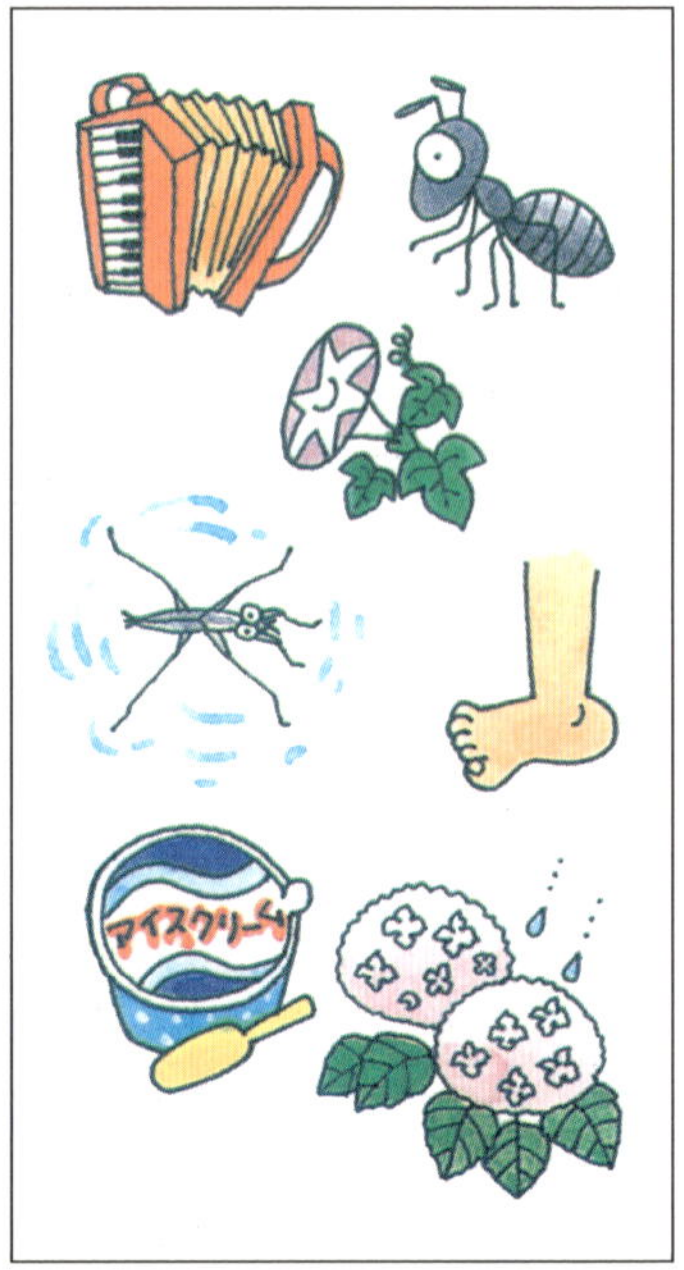

た

こたえは 104ページに あります。

2

ひらがなを　かく

ステップ・1

二 ひらがなを かく

いっしょに しましょう

一 つぎの えの なまえを かきましょう。

①

②

③

④

⑤

⑥

二 まちがいを なおして ただしく かきましょう。

①

② ふうれん

③ よびわ

ちりちり

④

まぬいた

いっしょに　しましょう

三 つぎの　えは　けんちゃんの　かぞくです。□の　なかに　あう　じを　かき　ましょう。

① けんちゃん

② お□□□ん

③ □□□さん

かんじ	七	八	九
よみかた	シチ なな なな-つ なの	ハチ や や-つ やっ-つ よう	キュウ ク ここの ここの-つ
れんしゅう	七	八	九

四 「た」で　はじまる　ものを　みつけて　□に　なまえを　かきましょう。

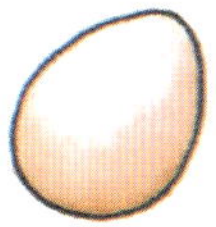

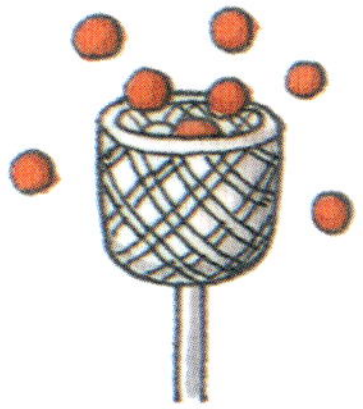

① □□

② □□□

③ □□□

④ □□□

⑤ □□□□

⑥ □□□□

かんじ	十	月	日
よみかた	ジュウ ジッ とお と	ゲツ ガツ つき	ニチ ジツ ひ か
れんしゅう	十	月	日

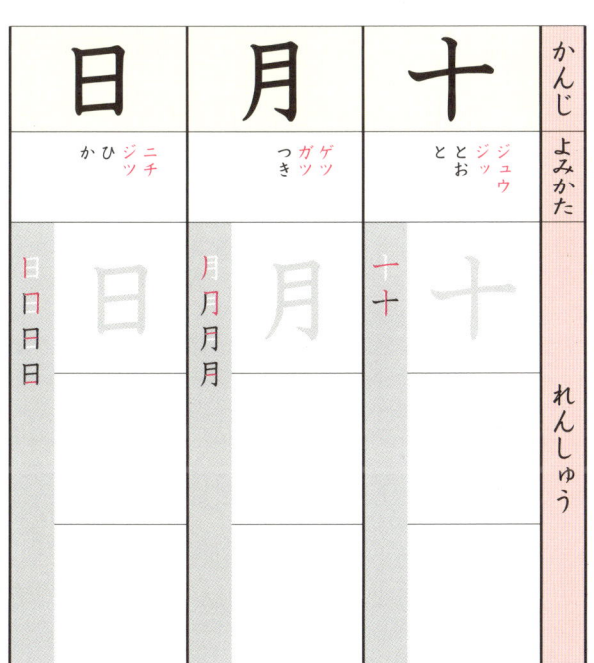

ステップ・2

二 ひらがなを かく

ひとりで できるかな

一 えの なまえに なるように□に じを かきましょう。

①

かぶ□む□

②

□か□や□

二 つぎは てんきの えです。どんな てんきかを ことばで かきなさい。

①

□□

②

□□

三 つぎは ひらがなの かきじゅんです。□に おなじ ひらがなを かきましょう。

① し に は → □

② ー ナ あ → □

③ ー ち を → □

④ み み → □

⑤ つ か か → □

⑥ ー 十 せ → □

⑦ ー ニ ま → □

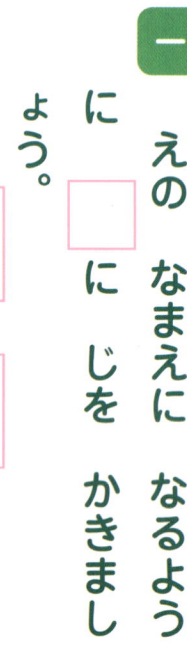

四 つぎの　えの　なかで　そらに　みえるものを　えらんで　あとの □ に　ひらがなを　いれましょう。

① □し

② つ□

③ く□

五 うさぎ、きつね、くまの、それぞれが　つったものの　なまえを　かきましょう。

① うさぎ ↓ □

② きつね ↓ □

③ くま ↓ □

ステップ・3

二 ひらがなを かく

どんどん やってみよう

一 しりとりあそび です。○の なかに じを いれて ことばを つくりましょう。

→ きも○

→ ○す → 

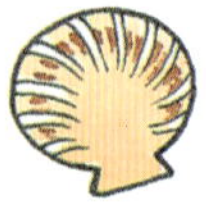
→ い○ → 

→ らっこ → 

り○ご → ごま → 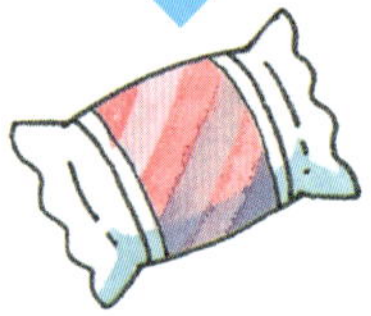

→ ら○だ → だいず

二 うえの えに あうように ただしく かきなおしましょう。

① 
ふく → □

② 
せいふ → □

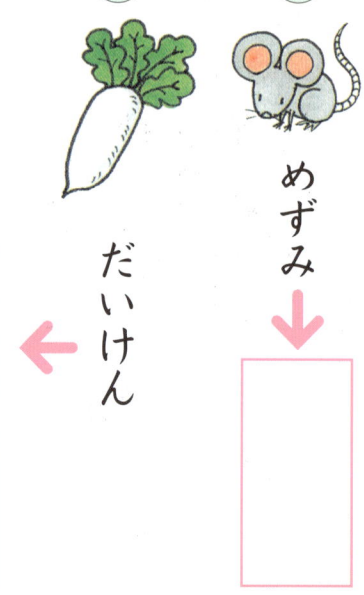

③ 
めずみ → □

④ 
だいけん → □

⑤ 
うでどけえ → □

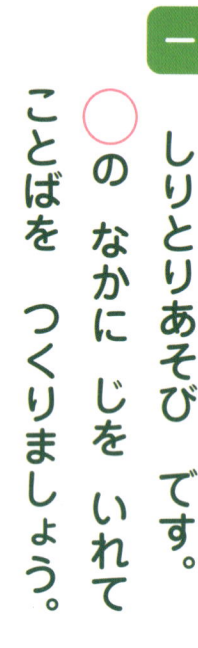

三 つぎの　えを　みて　あとの　もんだいに　こたえましょう。

① すべりだいには　どんな　どうぶつが　いますか。

（　　　）

② ねこは　なにで　あそんで　いますか。

（　　　）

③ すなばで　あそんで　いるのは　だれですか。

（　　　）

四 つぎの　えと　おなじ　なかまの　えを　あとの　□から　みつけて　ひらがなで　□に　かきましょう。

①

□

②

□

③

□

④

□

ステップ・4

ひらがなを かく

なんてん とれるかな

じかん 15ふん

とくてん ／100

一 □に じを かいて えに あう ことばに しましょう。（一つ5てん・30てん）

① さ□□んぼ

② て□み

③ □ち

④ か□□

⑤ □ぶ□ん

⑥ □□つ□り

二 てがみが とどきました。えの なまえを □に ひらがなで かきましょう。（一つ5てん・15てん）

おいしい ①が できました。②と いっしょに おくります。こんど ③を おくって ください。

① ぶ□□

② □□

③ □□

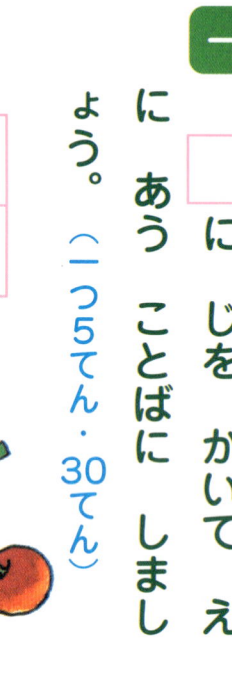

三　まちがって いる じに ×を つけ、そのよこに ただしく かきなおしましょう。（一つ5てん・35てん）

①

うし

②
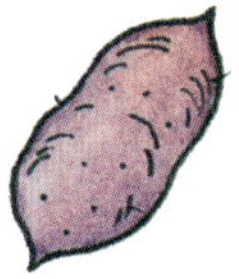
さつまけも

③

いさえんぺつ

④

いせ

⑤

かろす

⑥

しましま

⑦

へぴ

四　りすが めいろを とおります。だれの ところに いくでしょうか。（5てん）

（こたえ）

五　うえの えの なまえを かきましょう。（一つ5てん・15てん）

①

②

③

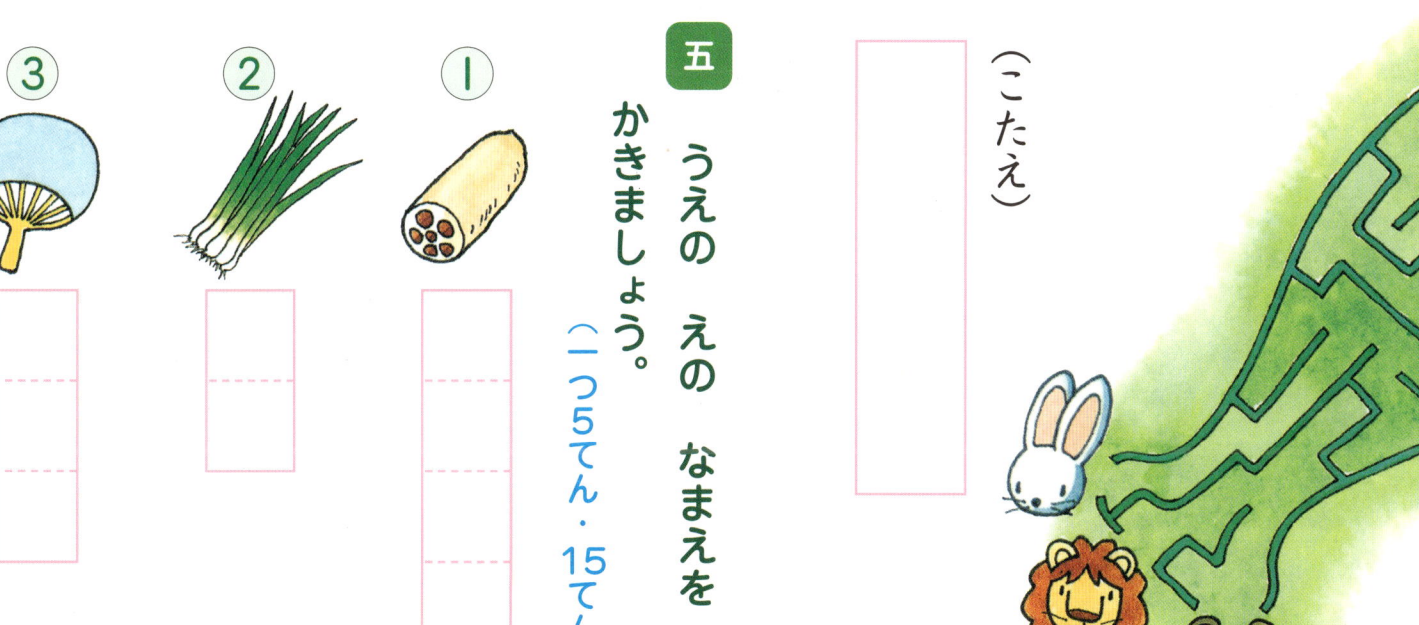

こくごクイズ 二

● ことばを かいた かみを、やぎが たべて しまいました。なんの じの ところを たべて しまったのでしょう。ひだりの □ に かきましょう。

よこ　まわり　あ る　とで　こうき

と　ひ め　くだ　ぶ んこ　まく

め ね　つ き　な ぐつ　は き　っこう

は　ま いた　す ば　べ　わとび

こたえは　104ページに　あります。

3

ことば　あつめ

ステップ・1

三 ことば あつめ

いっしょに しましょう

一 えと はんたいの ことばを、□から さがして、（　）に かきましょう。

1

（　　）

2

（　　）

3

（　　）

あまい・かるい・さむい
あつい・おもい・よわい
つよい・からい・ひろい

二 ものの なまえが かいて あります。れいぞうこに いれる ものを ○で かこみなさい。

でんわ　たまご　いと
とまと　わごむ　なし
えんぴつ　にく　さかな
はんかち　もやし
いす　しいたけ　かい
本《ほん》　つくえ　ぼうし
すいか　えのぐ

三

さかなの なまえを さがして（　）に かきましょう。

かまきり　かつお
せみ　ふうせん　さんま
たい　もぐら　ひらめ

（　　　）

四

「えんぴつ」と おなじ なかまの ことばを 三つ さがして ○で かこみましょう。

うわぐつ　けしごむ
ふりかけ　したじき
とけい　ものさし

かんじ	よみかた	れんしゅう
円	エン まる・い	円
人	ジン ニン ひと	人
本	ホン もと	本

五

□ の なかの ことばを 三つの なかまに わけて □ の なかに かきましょう。

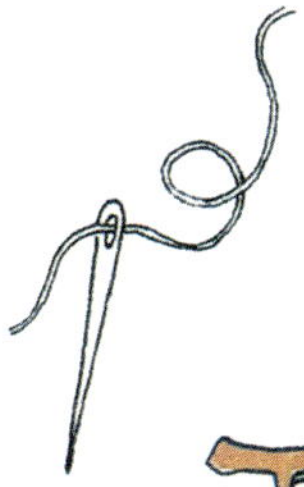

はり・すず・ぶどう
ふえ・もも・いと
ぬの・たいこ・かき

かんじ	よみかた	れんしゅう
百	ヒャク	百
千	セン ち	千
火	か ひ	火

三 ことば あつめ

ひとりで できるかな

一 えの なまえで まちがっている じに ×をつけ、ただしい じを よこに かきましょう。

① すずめ

② あくひ

③ りんこ

④ ふてはこ

二 まちがっている じに ×をつけ、ただしい じを よこに かきましょう。

① あんはんは おいしい。

② ろはの みみは ながい。

三 なかまはずれの ことばを さがして（　）の なかに かきましょう。

① ぞうきん・ちりとり・ほうき・つくえ・ごみばこ

（　　）

② ねこ・いぬ・からす・さる・ぞう・ねずみ

（　　）

③ あか・あお・みどり・くろ・えき・しろ・みずいろ

（　　）

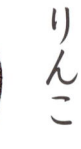

四 （　　）に あてはまるものを かきましょう。

【れい】 あかい もの →（とまと）

① しろい もの →（　　）

② きいろい もの →（　　）

③ ちいさい もの →（　　）

④ ながい もの →（　　）

⑤ はやい もの →（　　）

⑥ つめたい もの →（　　）

⑦ あまい もの →（　　）

⑧ ひかる もの →（　　）

五 つぎの えに あうことばを □ から えらんで （　　）に かきましょう。

①（　　）

②（　　）

③（　　）

④（　　）

ごしごし ・ ごろごろ
ぱくぱく ・ めりめり
かりかり ・ ごくごく
すやすや ・ ぱたぱた

ステップ・3

三 ことば あつめ

どんどん やってみよう

一 □の ひらがなを どこに いれると、えにあう ことばに なりますか。（ ）に その しるしを かきましょう。

① 

け （ ）

え（○）ん（△）ぴっ（□）ずり

② 

の （ ）

た（○）け（△）こ

③ 

い （ ）

す（○）べ（△）り（□）だ（◎）

二 えを よくみて ちょうど よい ひらがなを □に かきましょう。

① 

ぎゅう□ゅうを□む。

② 

てを□□う。

③ 

ほ□を□む。

三

つぎの　ことばを　あとの　三つの　なかまに　わけましょう。

あり・からす・さくら
せみ・はと・たんぽぽ
とんぼ・ゆり・すずめ
つばめ・ほたる・すみれ

① むし

② とり

③ はな

四

いえが　ならんで　たって　います。あとの　（　）の　なかに　どうぶつの　なまえを　かきましょう。

① とらの　いえは　くまと　（　　）の　あいだに　あります。

② ぞうと　うさぎの　いえの　あいだに　（　　）の　いえが　あります。

③ まどが　たくさん　あるのが　（　　）の　いえです。

ステップ・4

三 ことば あつめ

なんてん とれるかな

じかん 15ふん

とくてん /100

一 つぎの えの なまえを ひらがなで かきましょう。（一つ4てん・28てん）

①  ん

②  ゆ

③  ひ

④  ぼ

⑤  さが

⑥ 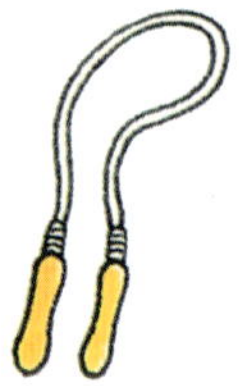 とび

⑦ 

二 どうぶつたちが たべたがって いる ものの なまえを かきましょう。（一つ4てん・12てん）

① 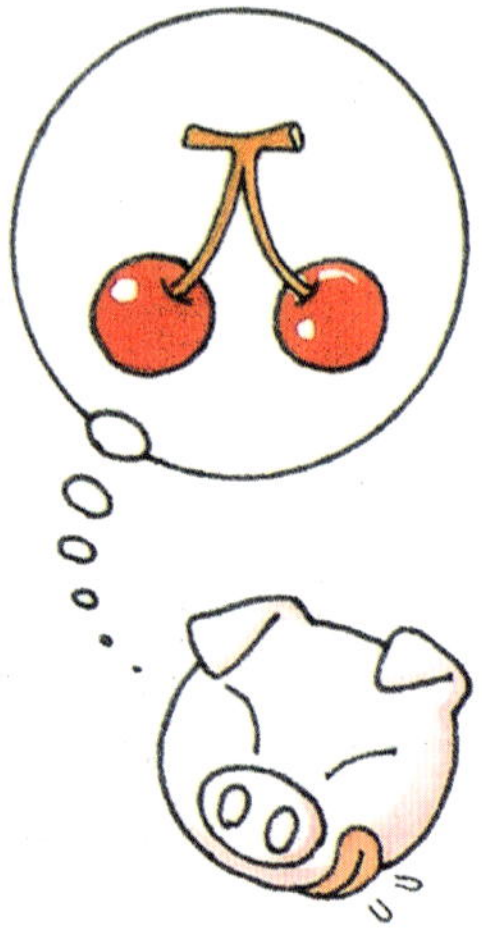

② 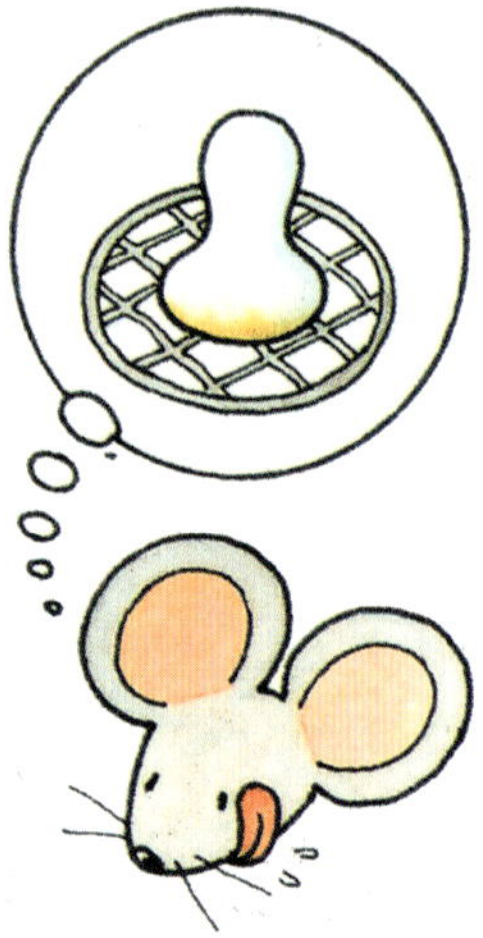 お

③ 

三　えを　みて　□に　なまえを　かきましょう。

（一つ5てん・30てん）

1. □□□の　かわを　むく。

2. □□□を　たべる。

3. □□□で　でかける。

4. □□□で　きる。

5. □を　みがく。

6. □□□を　みる。

四　えを　よく　みて　□に　ちょうど　よい　ひらがなを　かきなさい。

（一つ5てん・30てん）

1. □いだんを　□がる。

2. □すに　□わる。

3. □うに　□ぼる。

4. え□ぴつを　□ずる。

5. でん□を　□ける。

6. い□を　□る。

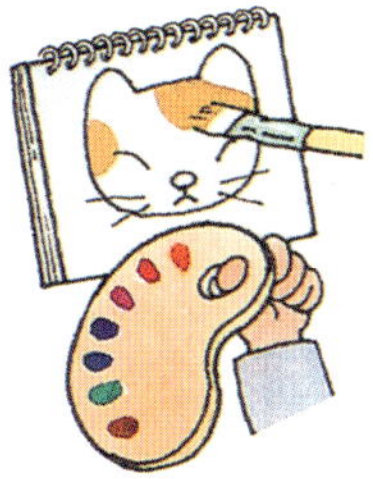

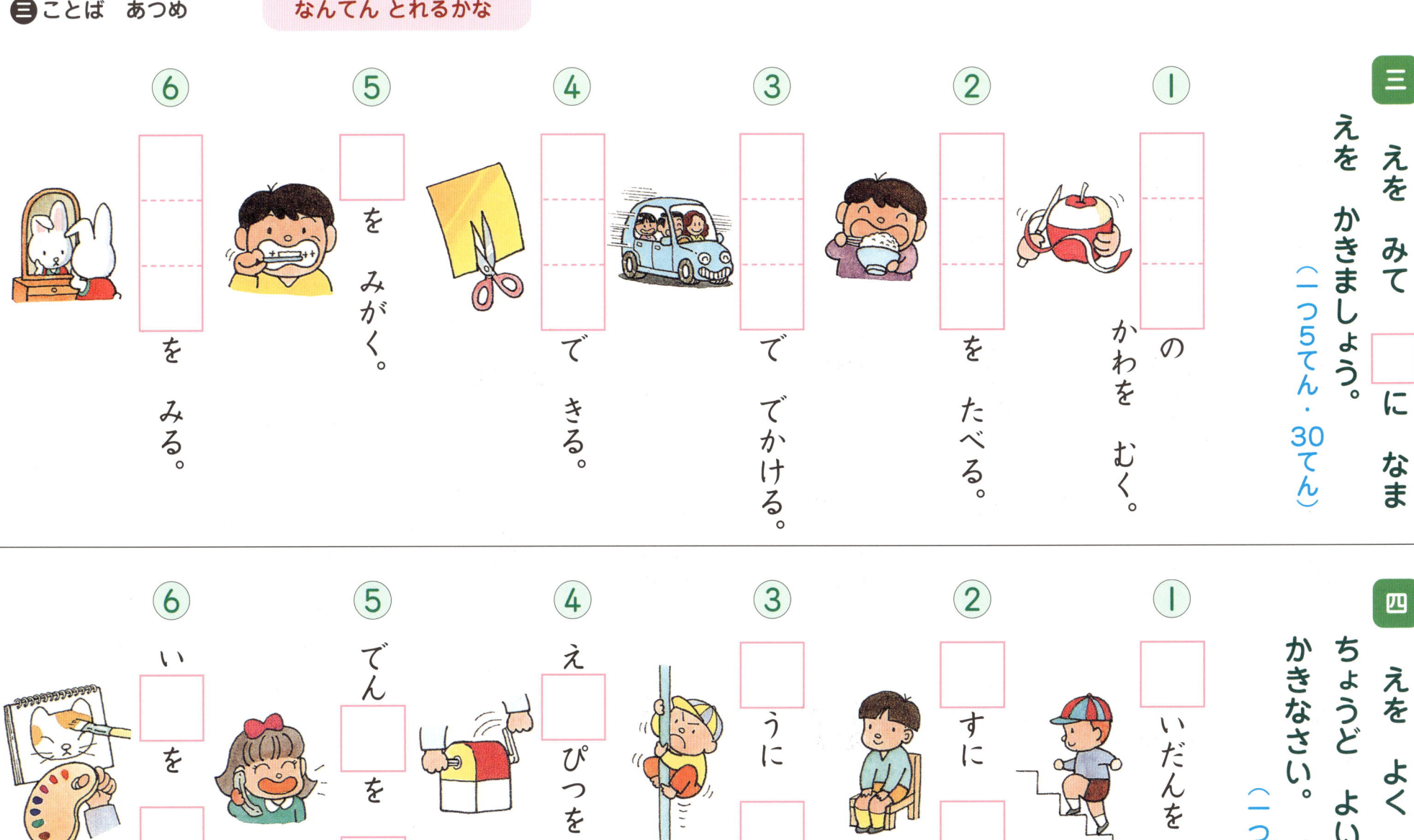

こくごクイズ

こくごクイズ 三

うさぎさんが　おかいものに　いきます。やじるしの　ところから　しりとりを　して、うさぎさんが　いく　おみせに　○を　つけましょう。

4

かたかなを　つかう

ステップ・1

四 かたかなを つかう

いっしょに しましょう

一 えと ことばが あうように ——せんで つなぎましょう。

① ② ③ ④ ⑤ ⑥ ⑦

・ジュース
・トランプ
・キャベツ
・ドライヤー
・ウインナー
・コアラ
・チーズ
・マイク
・ライター
・ピアノ

二 つぎの ことばを かたかなで かきましょう。

① とらいあんぐる

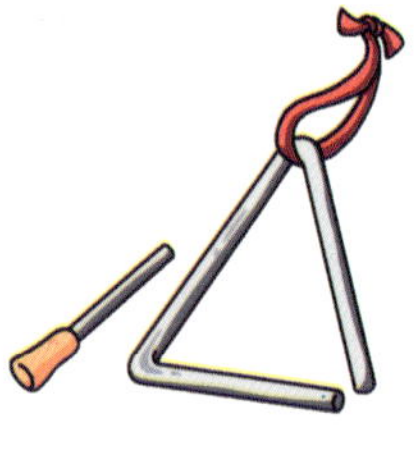

② ねくたい

③ ひやしんす

④ えぷろん

三

□の　なかに　かたかなを　かいて、えの　なまえに　しましょう。

① 
シャ□プー

② 
□ポンジ

③ 

チョ□レート

④ 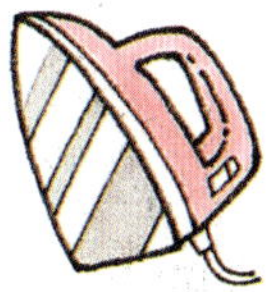
□イロン

⑤ 
クレ□ン

⑥ 
カメ□

かんじ	よみかた	れんしゅう
水	スイ みず	水
木	ボク モク き こ	木
金	キン コン かね かな	金

四

きつつきが　つついて　かたかなの　じが　きえて　しまいました。□に　ただしく　かきましょう。

① カス□ネット → □

② サンドイッ□ → □

③ ロボッ□ → □

④ サッ□ーボール → □

⑤ □レビ → □

かんじ	よみかた	れんしゅう
土	ド ト つち	土
休	キュウ やすむ やすまる やすめる	休
大	ダイ タイ おお おおきい おおいに	大

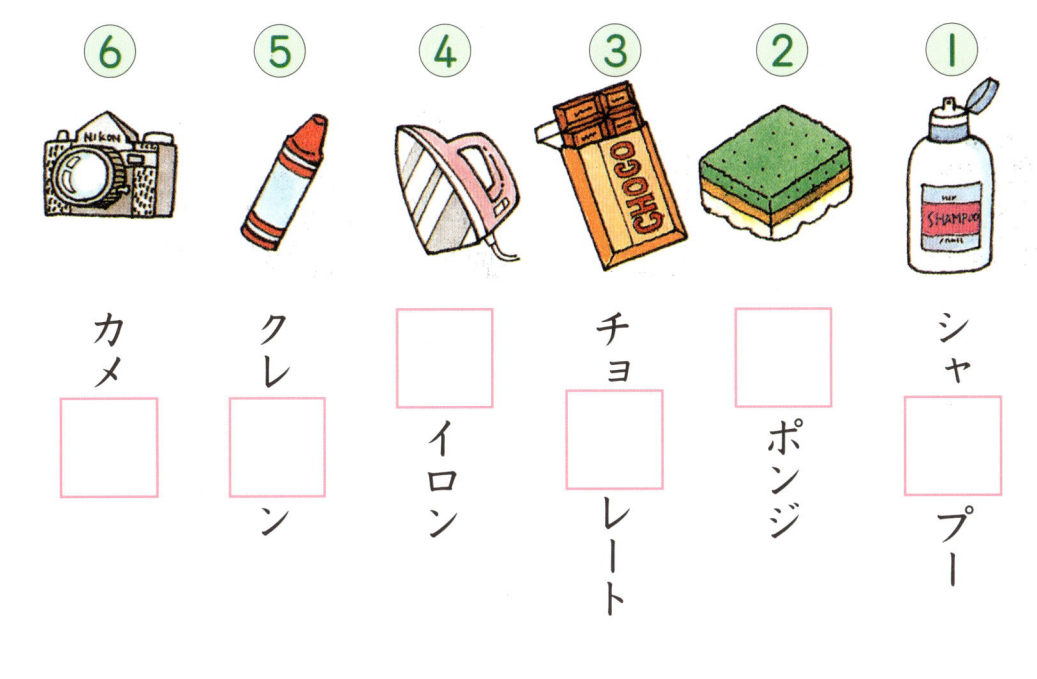

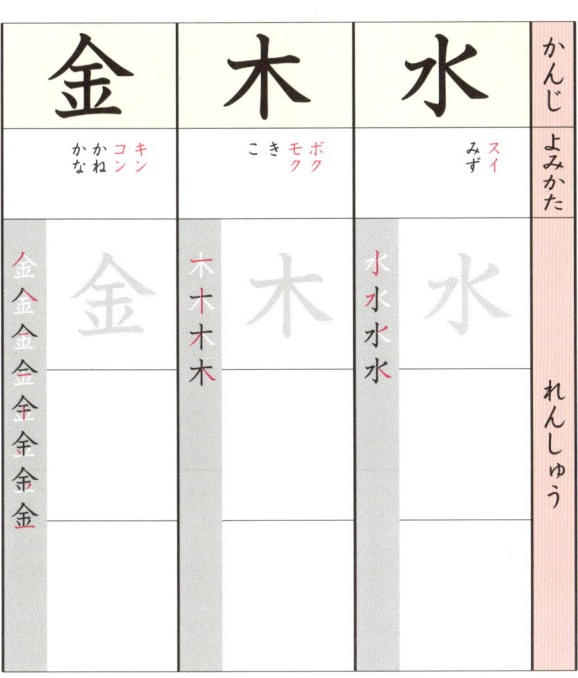

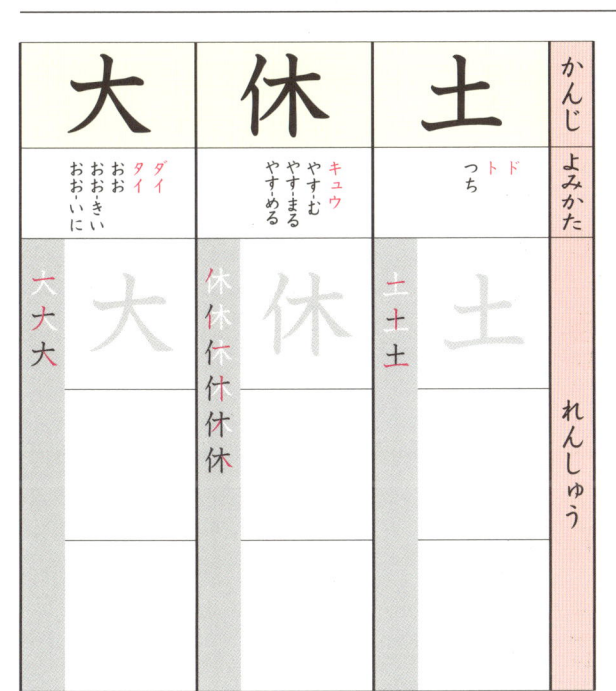

ステップ・2

四 かたかなを つかう

ひとりで できるかな

一 まちがって いる じに ×を つけ、よこに ただしく かきなおしましょう。

①  ネクテイ

②  メルン

③  シコップ

④  トア

⑤  ポテト

⑥  ジャノ

⑦ 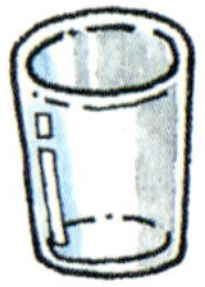 ロップ

二 うえの ききゅうは、どこに おりると 一つの ことばに なりますか。——せんで つなぎましょう。

① 

② 

③ 

- □ライヤー
- □ンガルー
- □ーヒー
- □ーモニカ
- □レンダー
- □イロット
- □イオン
- □ンバリン
- □イヤモンド

三 つぎの　もんだいを　しましょう。

① ペンギンは　どの　くだものの　ところへ　いくでしょうか。

（　　　　）

② メロンの　ところへ　いくのは　だれですか。

（　　　　）

③ レモンの　ところへ　いくのは　だれですか。

（　　　　）

四 えの　なまえを　□　から　さがして　（　）に　かきましょう。

① 

（　　　　）

② 

（　　　　）

③ 

（　　　　）

④ 

（　　　　）

⑤ 

（　　　　）

⑥ 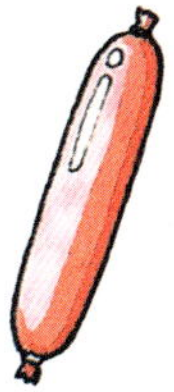

（　　　　）

カーネーション・タイヤ
スカート・オムレツ
ソーセージ・シャツ
タンバリン・コスモス

四 かたかなを つかう

どんどん やってみよう

一 ●と■を ——せんで つないで えに あう ことばに しましょう。

トラ●　■ット

ラケ●　■ンプ

マヨ●　■ネーズ

ハーモ●　■ピース

ワン●　■ニカ

ネック●　■リップ

チュー●　■レス

二 えの なまえで まちがっている じに ×を つけ □に ただしい じを かきましょう。

カルタネット □

バイオラン □

カメロ □

オートボイ □

スカート □

カータン □

ナイプ □

三 えの　なまえの　なかで　ひらがなを　みつけて　×を　つけ、□に　かたかなを　かきましょう。

ぽップコーン

ヘリこプター

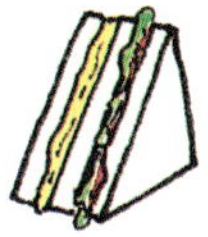
サンどイッチ

リュックさック

グろーブ

ぷリン

かンガルー

レインコーと

四 ひこうきで　せかいの　くにを　とびまわりました。①〜⑤の　くにの　なまえを　かたかなで　かきましょう。

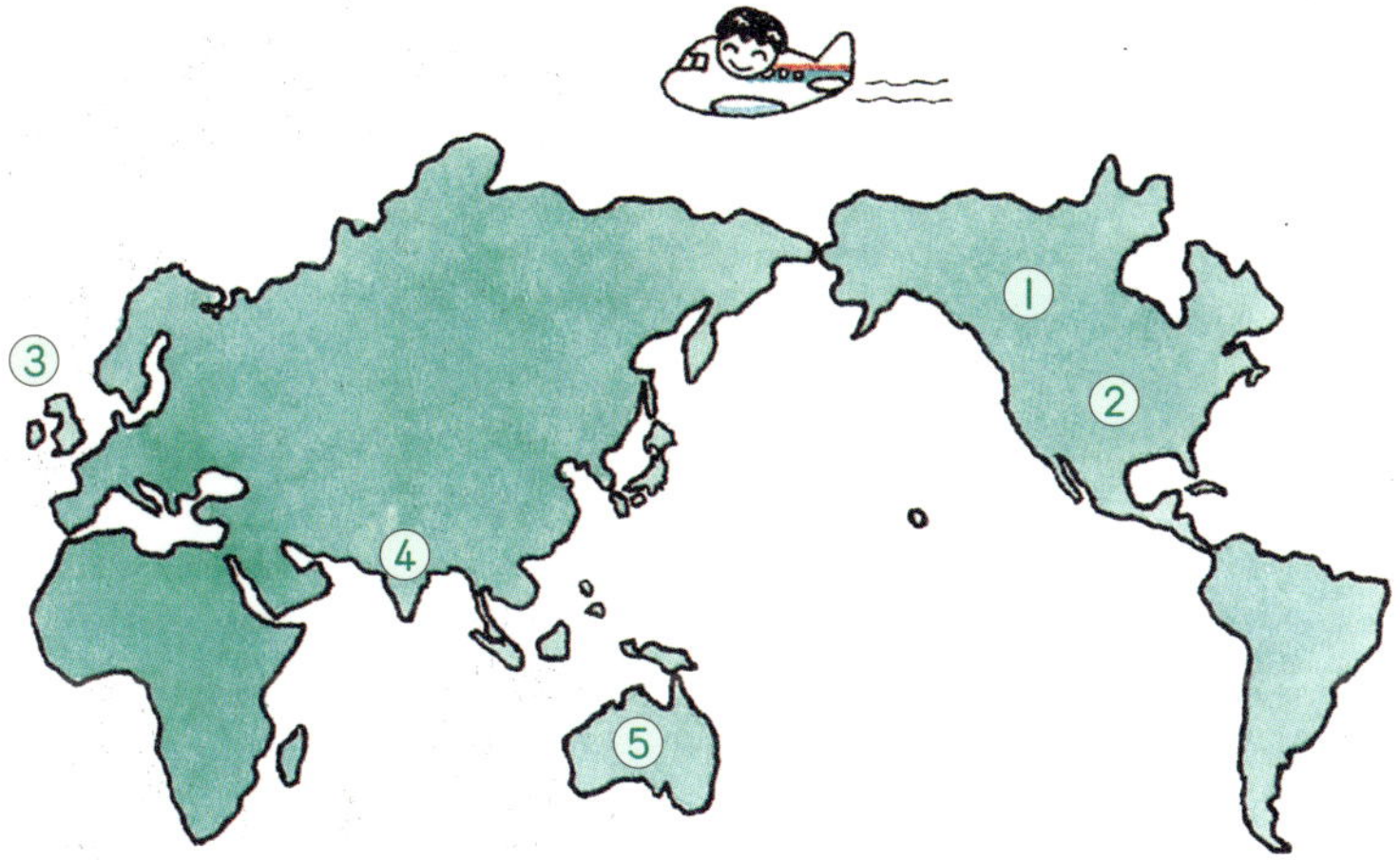

① かなだ

② あめりか

③ いぎりす

④ いんど

⑤ おーすとらりあ

ステップ・4

四 かたかなを つかう

なんてん とれるかな

じかん 15ふん

とくてん /100

一

つぎは いろいろな ものの おとです。□に かたかなで かきましょう。（一つ4てん・16てん）

① どんどん □□□□

② ぽたぽた □□□□

③ ごろごろ □□□□

④ ぱたぱた □□□□

二

まちがった かたかなを、□に ただしく かきなおしましょう。（一つ4てん・16てん）

① タ □

② カ □

③ ホ □

④ オ □

三

みほちゃんは、ゆうえんちで あそびました。□に あう かたかなを かきましょう。（一つ4てん・16てん）

① ジェッ□コー□□ー

② □ーヒー□ッ□

③ メリーゴー□□□

④ ロープ□ェ□

四

かたかなで　かく　ことばを　みつけて　□で　かこみ、そのよこに　かたかなで　かきましょう。
（一つ4てん・20てん）

1 うみに　いく　ときは　さんだるを　はく。

2 おばあちゃんが　とらんぷと　ぱずるを　かってくれた。

3 ぼくは　かすてら　より　めろんぱんの　ほうが　すきだ。

五

つぎの　えの　なかから　かたかなで　かくものを　三つ　さがして、（　）に　かたかなで　かきましょう。
（一つ4てん・12てん）

六

つぎの　ことばを　かたかなで　かきましょう。
（一つ4てん・20てん）

1 あいろん

2 がらす

3 てれび

4 らんぷ

5 りずむ

こくごクイズ 四

● □の なかに かたかなを かいて、ことばを つくりましょう。

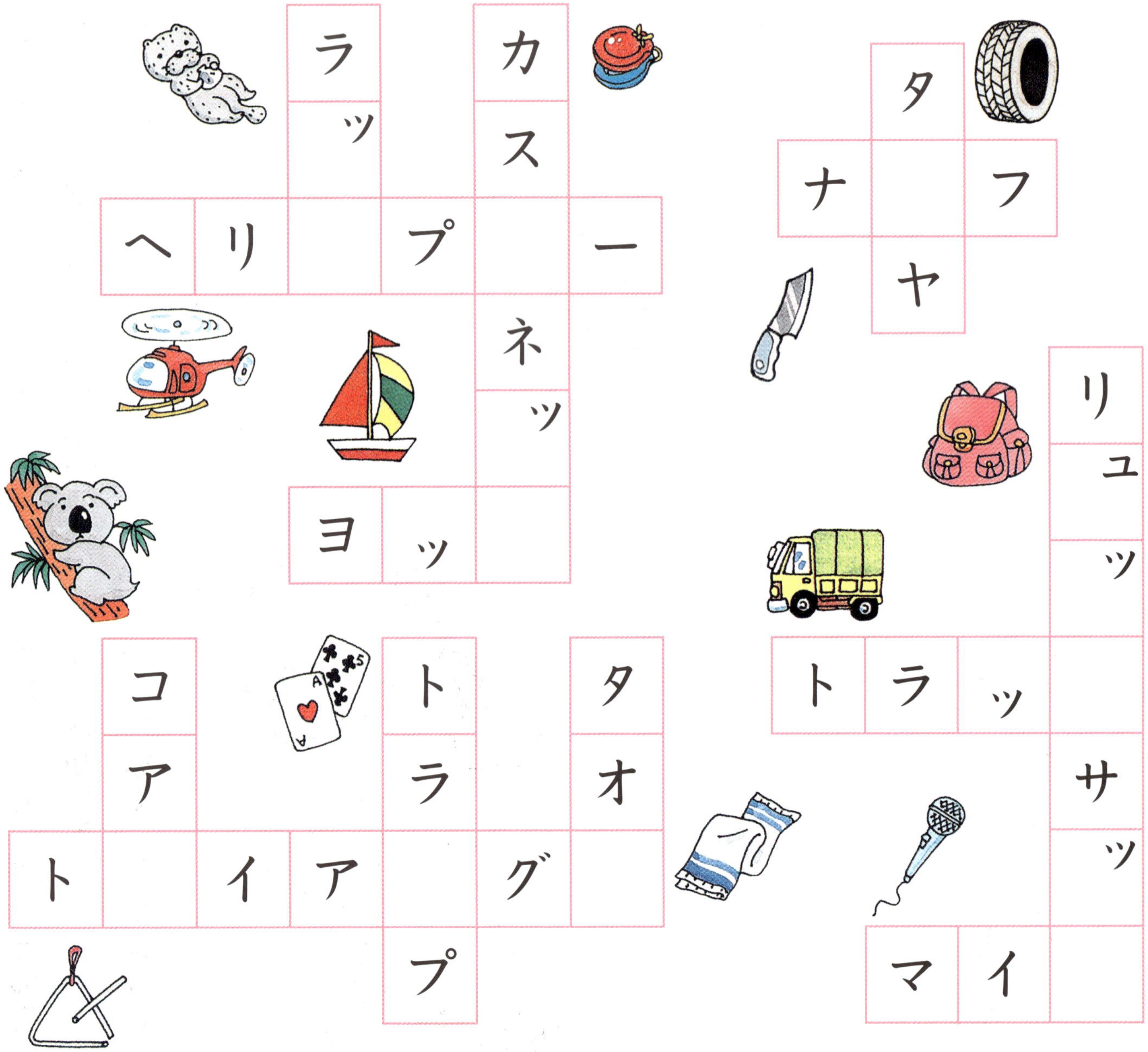

こたえは　105ページに　あります。

5

「を」「は」「へ」の　つかいかた

ステップ・1

五 「を」「は」「へ」の つかいかた

いっしょに しましょう

一 上《うえ》と 下《した》を ただしく ——せんで つなぎましょう。

1 ほうたいを	・	・	いく
2 こうえんへ	・	・	まく
3 いぬに えさを	・	・	する
4 あかちゃんは	・	・	やる
5 そうじを	・	・	かえる
6 りんごを	・	・	かわいい
7 いえへ	・	・	たべる

二 □の 中《なか》に 「を」「は」「へ」の どれかを かきましょう。

1 おばあちゃんの いえ□ あそびに いきました。

2 いもうと□ ピアノ□ ならいに いった。

3 よるに こうえん□ はなび□ しに いった。

4 うみで かい□ ひろったので うち□ もって かえった。

三 どちらか　よいほうに　○を　つけましょう。

1 ふうせん（　）を（　）お　ふくらませる。

2 むぎちゃ（　）わ（　）は　おいしい。

3 プール（　）へ（　）え　いこう。

四 まちがっている　じに　×を　つけ、そのよこに　ただしく　かきましょう。

1 うさぎわ　にんじんが　すきです。

2 くまわ　もりえ　いった。

3 たぬきお　みに　いった。

4 すずめお　にがして　やった。

かんじ	よみかた	れんしゅう
中	チュウ　なか	中
小	ショウ　ちい-さい　こ　お	小
正	セイ　ショウ　ただ-しい　ただ-す　まさ	正
上	ジョウ　うえ　うわ　かみ　あ-げる　あ-がる　のぼ-る	上

かんじ	よみかた	れんしゅう
下	カ　ゲ　した　しも　さ-げる　さ-がる　くだ-る	下
左	サ　ひだり	左
右	ウ　ユウ　みぎ	右
先	セン　さき	先

ステップ・2

五 「を」「は」「へ」の つかいかた

ひとりで できるかな

一

「を」「は」「へ」の つかいかたが ただしいものに ○を つけましょう。

① （　）くまは 大《おお》きい。

② （　）ひろばえ いく。

③ （　）日《にっ》きを かく。

④ （　）ねこわ かわいい。

⑤ （　）いええ むかう。

⑥ （　）いなかへ かえる。

二

□に 「え」「へ」を かきましょう。

① スーパー□ いって、□びを かいました。

② □んぴつを かばんの 中《なか》□ いれた。

③ どうぶつえん□ □んそくで いきました。

三 よい ものに ○を つけましょう。

① かみに のり
（　）お
（　）へ
（　）を
つける。

② となりの いえ
（　）え
（　）へ
（　）は
あそびに いく。

③ かばんに 本
（　）を
（　）お
（　）は
しまう。

④ はな
（　）へ
（　）え
（　）を
ベランダ に かざる。

四 「を」「は」「へ」の つかいかたが ただしいものに ○を つけましょう。

①

（　）すいかを たべる。
（　）すいかに たべる。
（　）すいかへ たべる。

②

（　）いけえ つりに いく。
（　）いけへ つりに いく。
（　）いけを つりに いく。

③

（　）えんそくへ いく。
（　）へんそくへ いく。
（　）えんそくが いく。

ステップ・3

五 「を」「は」「へ」の つかいかた

どんどん やってみよう

一 えに あうように □に ことばを いれて、（ ）に 「を」「は」「へ」を かきましょう。

① □□（ ）さるが きらい。

② □□（ ）たべる。

③ キャンディーを □□□□（ ）しまう。

二 □に 「を」「は」「へ」を かきましょう。

① その みち□ まっすぐ に すすんだ。すこしして うみ□ でた。

② わたし□ くだものや さん□ みかん□ かいに いきました。

③ てがみが うちに とどいたので ぼく□ すぐに へんじ□ かきました。

三

「を」「は」「へ」の つかいかたの まちがって いる ところに ×を つけ、よこに ただしく かきなおしましょう。

1 てんきわ くもりだ。

2 そとは とびだした。

3 トマトを おいしい。

4 りんごは たべた。

5 ごみばこえ すてた。

6 かさお さした。

7 いもうとわ 四さいです。

四

つぎの ぶんで 「を」「は」「へ」の つかいかたの ただしい ものに ○を しなさい。

1 （　）プールの 水《みず》を つめたい。

2 （　）本《ほん》を よむ。

3 （　）はへ みがく。

4 （　）ゆうえんちへ いく。

5 （　）おねえちゃんを かみのけが ながい。

6 （　）せんせいは おこると こわい。

7 （　）おべんとうは たべた。

8 （　）やまへ むしとりに でかけた。

五 「を」「は」「へ」の つかいかた

なんてん とれるかな

じかん 15ふん

とくてん /100

一

□に 「を」「は」「へ」を いれて 上《うえ》と 下《した》を ――せんで つなぎましょう。

（一つ5てん・30てん）

1. パン □ ・　・大《おお》きい。
2. やま □ ・　・たべる。
3. ぞう □ ・　・のむ。
4. ゲーム □ ・　・いく。
5. くすり □ ・　・する。
6. なつ □ ・　・あつい。

二

□に 「を」「は」「へ」を いれて かきましょう。

（一つ4てん・20てん）

おとうさん□ つりが
大《だい》すきです。いつも
つりのどうぐ□
たくさん もって いけ□
でかけます。さかなが
いっぱい つれた日《ひ》□
とても うれしそうです。
この つぎは うみ□
つりに いくと いって
いました。

三 えに　あう　ように □ に「を」「は」「へ」を　いれましょう。（一つ5てん・20てん）

① ぶどう □ たべる。

② へいの　むこうがわ □ いく。

③ あめ □ よるまで　ふりつづいた。

④ はなに　水《みず》 □ やる。

四 つぎの　えに　あうように、あとの □ から　ことばを　えらんで（　）に　かきいれましょう。（一つ10てん・30てん）

① 

（　　　）いれる。

② 

てがみを（　　　）いれる。

③ 

やまの（　　　）かく。

ポストへ　・てがみを
おちゃを　・おちゃは
えは・えを・ポストを

こくごクイズ 五

どうぶつさんが じを かきました。ただしく かいて いる どうぶつさんを みつけて、□に ○を かきましょう。

おをかみ

□

こんにちは

□

へんぴつ

□

あさがお

□

にはとり

□

うがいを しましょう。

□

わたしわ どうぶつです。

□

どうぶつえんえ いきました。

□

はなやさんへ はなお かいに いきました。

□

せみを とりに やまへ いきました。

□

こたえは 105ページに あります。

6

小《ちい》さく　かく字《じ》

ステップ・1

六 小《ちい》さく かく じ

いっしょに しましょう

一 えの なまえに なるように □に 小《ちい》さく かく じを いれましょう。

【れい】

しゃしん（しの下の□に「ゃ」）

①  ち□きんばこ

②  じ□うえんだま

③  は□ぱ

④  かぼち□

⑤  でんし□

⑥  ラ□パ

二 小《ちい》さく かく じを つかって いる ことばは どれですか。○を つけましょう。

①（　）しゃしょうさん

②（　）たまごやき

③（　）がっこう

④（　）とうもろこし

⑤（　）ホットケーキ

⑥（　）ひこうき

⑦（　）ロケット

三 小《ちい》さく かく じに きを つけて、正《ただ》しく かきましょう。

① 
じてん□

② 
し□ぼ□だま

③ 
□リップ

④ 
□いも

かんじ	よみかた	れんしゅう
生	セイ ショウ いきる うまれる は・える なま	生
男	ダン ナン おとこ	男
女	ジョ おんな	女
学	ガク まな・ぶ	学

四 えを みて 正《ただ》しい ほうに ○を つけましょう。

① 
（　）きょうりゅう
（　）きゃうりゅう

② 
（　）しゃうゆ
（　）しょうゆ

③ 
（　）ちゅわん
（　）ちゃわん

④ 
（　）じょうろ
（　）じゅうろ

かんじ	よみかた	れんしゅう
校	コウ	校
年	ネン とし	年
名	メイ ミョウ な	名
文	ブン モン	文

六 小《ちい》さく かく じ

ひとりで できるかな

一 えの なまえを □ に かきましょう。

① 

□□□

② 

□□□□

③ 

□□□

二 えを みて 正《ただ》しい ほうに ○を つけましょう。

① 

（　）ショークリーム
（　）シュークリーム

② 

（　）パイナップル
（　）パイナォプル

三 小《ちい》さく かく じを みつけて ×を つけましょう。

① 
きゆうり

② 
きんぎよ

③ 
うちゆうせん

④ 
しようねん

⑤ 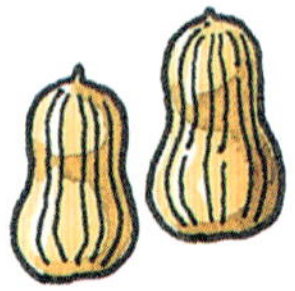
ピーナツツ

⑥ 
しんじゆの ゆびわ

四

上《うえ》の えに あう ことばに なるように ——せんで 正《ただ》しく つなぎましょう。

① 
ほ う ・ ・ ぎ ょ

② 

キャラ ・ ・ ちょう

③ 
にん ・ ・ ケット

④ 
ひょう ・ ・ メル

⑤ 
ビス ・ ・ まい

⑥ 
ちゅう ・ ・ たん

⑦ 
しゅう ・ ・ いん

⑧ 
ち ょ ・ ・ しゃき

⑨ 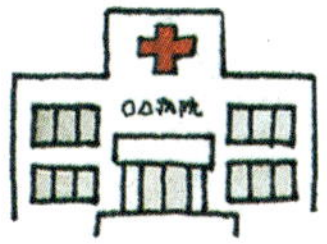
びょう ・ ・ きん

五

つぎの ことばは 小《ちい》さく かく じが まちがって います。□に 正《ただ》しく かきなおしましょう。

① ちゃうしんき → □
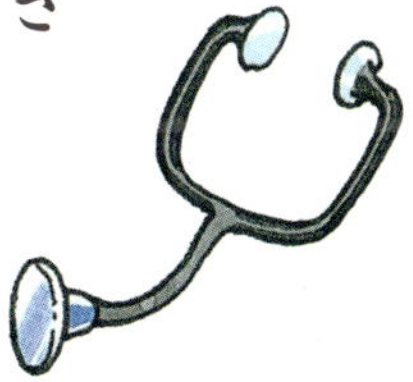

② ちょびん → □

③ はゃぴ → □

④ きかんしょ → □

⑤ ヨャト → □

⑥ きょうかんちょう → □

⑦ たっきゃう → □

ステップ・3

六 小《ちい》さく かく じ

どんどん やってみよう

一 いきものの なきごえを 小《ちい》さく かく じを つかって 正《ただ》しく かきましょう。

チュンチュン（　　）

ニャーニャー（　　）

ホーホケキョ（　　）

コケコッコー（　　）

二 ――せんの かんじの よみがなを 小《ちい》さく かく じを つかって かきましょう。

1. 三つ（　　）
2. 六つ（　　）
3. 中くらい（　　）
4. 小学校《がっこう》（　　）
5. 十まい（　　）

三 えの なまえに なるように□に じを いれましょう。

① □いろ

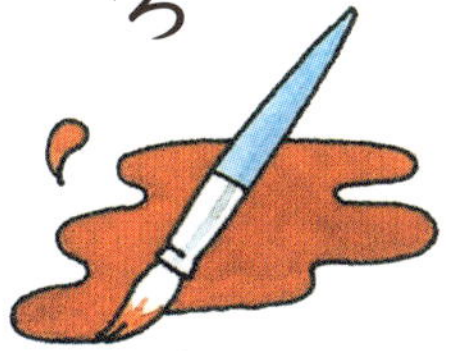

② ジ□ングル□ム

③ ケ□ップ

④ □ース

⑤ きゅうきゅう□

⑥ □て

四 小《ちい》さく かく じを つかった ことばが ならんでいます。正《ただ》しい ことばに ○を つけ、下《した》の えと ——せんで つなぎましょう。

① （　）ちゅき　（　）ちっき　（　）ちょき　（　）ちゃき

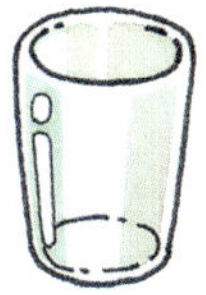

② （　）コッペ　（　）コップ　（　）ゴップ　（　）コュプ

③ （　）こうちょ　（　）こうちっ　（　）こうちゅ　（　）こうちゃ

ステップ・4

六 小《ちい》さく かく じ

なんてん とれるかな

じかん 15ふん

とくてん　／100

一 どこに「ッ」を いれると ただしい ことばに なりますか。しるしで こたえましょう。（一つ6てん・24てん）

① ビ○ス△ケ□ト（　　）

② ネ○ク△レ□ス（　　）

③ オ○リ△ンピ□ク（　　）

④ ド○グ△フ□ー◎ド（　　）

二 「●」と「■」を 正《ただ》しく つないで 一つの ことばに しましょう。（一つ6てん・36てん）

	●	■
①	ひゃく	カット
②	マス	ンプ
③	ニュー	てん
④	ポケ	こう
⑤	キャ	ス
⑥	がっ	ット

三 □に じを かいて えに あう ことばを つくりましょう。（一つ4てん・16てん）

1 おもち□の ロ□□□

2 でん□□ ご□こ

3 サン□□□□

4 チ□コレートパフ□

四 （　）の 中《なか》に、あとの □から ことばを みつけて、かきましょう。小《ちい》さく かく じは 正《ただ》しく かきなおして かきいれましょう。（一つ6てん・24てん）

1 もう おそいので（　　）に きがえた。

2 みずうみで（　　）に えさを やった。

3 しおと（　　）で あじを つけた。

4 フライパンで にくを やくと（　　）と おとが した。

はくちよう ・ ジユー
こしよう ・ パジヤマ

こくごクイズ 六

● おはじきの 下《した》には それぞれ 小《ちい》さく かく かく じが かくれています。その じを みつけて、下《した》の □ の 中《なか》に かきましょう。

- ぎ✿うに✿う
- やき✿う
- じ✿んばん
- き✿うり
- き✿うき✿うしゃ

□

- き✿ぷ
- も✿きん
- が✿き
- て✿ぽう
- き✿て

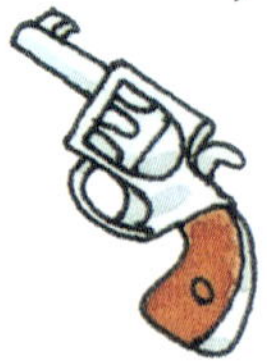

□

- し✿うぎ
- び✿ういん
- きんぎ✿
- き✿うそう
- ひ✿うたん

□

- ちゅうし✿
- ひ✿くえん
- むぎち✿
- し✿しん
- し✿ぼんだま

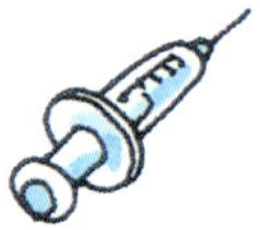

□

こたえは 105ページに あります。

じつりょくテスト

じつりょく テスト

じかん 15ふん

とくてん　/100

一　つぎの えの なまえを かきましょう。

（一つ5てん・30てん）

①

□□□

②

□□□

③
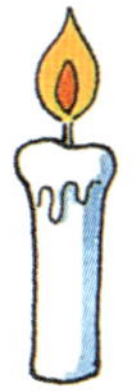
□□□□

④

□□

⑤

□□

⑥
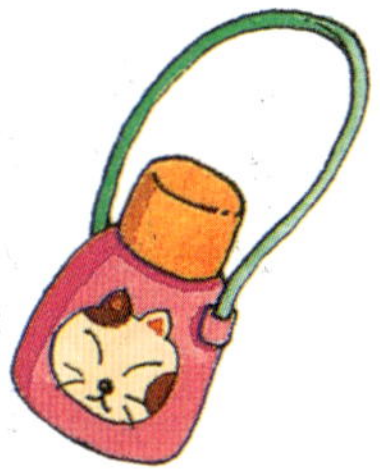
□□□□

二　しりとりが できるように □に じを かきましょう。

（一つ5てん・20てん）

↓

↓

↓
□ち□う
↓

↓
□□□ま
↓

↓
く□□
↓

↓
□□ラ
↓

三 なかまはずれの ことばを みつけて ○で かこみましょう。（一つ5てん・15てん）

① はり・いと・なすび
はさみ・ぬの

② きつね・ぞう・うま
すずめ・りす・しか

③ くるま・でんしゃ
ひこうき・うさぎ
ふね・じてんしゃ

四 つぎの □ に 「ツ」か 「ッ」を いれましょう。（一つ5てん・15てん）

① ピンセ□ト

② ピーナ□

③ ブルド□グ

五 □ に 「を」「は」「へ」を いれましょう。（一つ5てん・20てん）

① 大《おお》きな にもつ □
もって りょこう □
でかけます。

② くも □ いとで
す □ つくります。

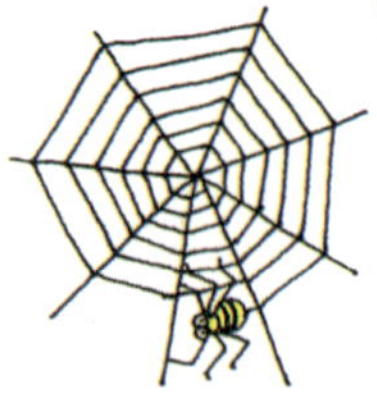

③ うみ □ いくと、
なみ □ いつもより
大《おお》きかった。

④ あそんで かえって
きた とき □ て □
しっかりと あらい
ましょう。

ハイレベ《ハイレベル》幼児こくご 1 初級《しょきゅう》

かんじ テスト

書写《しょしゃ》のれんしゅう

1かい

標準レベル

かんじテスト（かんじを よむ）

5ふん

とくてん　／100

（1つ10てん…100てん）

● ――せんの かんじの よみがなを かきましょう。

① くるまが 一だい あります。（　　）

② かいを 二こ みつけた。（　　）

③ えを 三まい かいた。（　　）

④ かみに 四かくを かく。（　　）

⑤ こぶたが 五ひき います。（　　）

⑥ ほんが 六さつ あります。（　　）

⑦ あさ 七じに おきる。（　　）

⑧ あめを 八こ もらった。（　　）

⑨ きょうから 九がつです。（　　）

⑩ こどもが 十にん います。（　　）

2かい　標準レベル

かんじテスト（かんじを よむ）

5ふん

とくてん　　/100

● ――せんの かんじの よみがなを かきましょう。（一つ10てん…100てん）

① きょうは 日よう日です。（　　）（　　）

② きれいな 月を みた。（　　）

③ 十円だまが おちている。（　　）

④ おかあさんに 百円 もらう。（　　）

⑤ はなに 水を やる。（　　）

⑥ マッチで 火を つける。（　　）

⑦ 木で いぬごやを つくる。（　　）

⑧ にわの 土を ほる。（　　）

⑨ この すいかは 千円だ。（　　）

⑩ 大きな はなが さいた。（　　）

3かい 標準レベル

かんじテスト（かんじを よむ）

5ふん　とくてん　／100

● ―せんの かんじの よみがなを かきましょう。（1つ10てん…100てん）

① いえの 中に はいる。（　　）

② 小さな いぬと あそぶ。（　　）

③ やまの 上の くもを みた。（　　）

④ はしから 下を みる。（　　）

⑤ 大きく 右てを ふった。（　　）（　　）

⑥ くるまが 左に まがる。（　　）

⑦ むらの 人たちに てを ふる。（　　）

⑧ このへんで すこし 休もう。（　　）

⑨ 正しい じを かこう。（　　）

⑩ この先に いけが ある。（　　）

4かい
標準レベル

かんじテスト（かんじを よむ）

5ふん

とくてん
/100

●――せんの かんじの よみがなを かきましょう。（1つ10てん…100てん）

① ぼくは 六月に 生まれた。

② 男のこは げんきです。

③ あの 女のこは やさしい。

④ え本を たくさん よむ。

⑤ きのう さく文を かいた。

⑥ さあ、しっかり 学ぼう。

⑦ きょうは 金よう日だ。

⑧ あさ はやく 学校へ いく。

⑨ わたしは 一年生です。

⑩ ノートに 名まえを かく。

5かい 標準レベル

かんじテスト（かんじを かく）

5ふん

とくてん　／100

● □の なかに かんじを かきましょう。（一つ10てん…100てん）

① □《いち》がつは さむい。

② ほんを □《に》さつ よんだ。

③ いもうとは □《さん》さいです。

④ ぼくは □《し》がつに うまれた。

⑤ えんぴつを □《ご》ほん かった。

⑥ あには □《ろく》ねんせいです。

⑦ あさ □《しち》じに いえを でた。

⑧ はなが □《はち》ほん さいている。

⑨ よる □《く》じに ねる。

⑩ おとなが □《じゅう》にん あつまる。

6かい
標準レベル

かんじテスト（かんじを かく）

5ふん

とくてん　／100

● □の なかに かんじを かきましょう。（1つ10てん…100てん）

① ゆう□《ひ》が きれいだ。

② きのう お□《つき》みを した。

③ じめんに □《えん》を かいた。

④ 一から □《ひゃく》まで かぞえた。

⑤ コップに □《みず》を いれる。

⑥ はな□《び》で あそぶ。

⑦ にわに □《き》を うえる。

⑧ はたけの □《つち》を たがやす。

⑨ こどもが □□《せんにん》 いる。

⑩ □《おお》きな あくびを する。

7かい 標準レベル

かんじテスト（かんじを かく）

5ふん

とくてん　/100

● □の なかに かんじを かきましょう。（一つ10てん…100てん）

① かばんの □《なか》を しらべる。

② おとうとは □《ちい》さい。

③ いすの □《うえ》に のぼる。

④ くつ□《した》を はく。

⑤ □《みぎ》てで ボールを なげる。

⑥ □《ひだり》てで ボールを うける。

⑦ きんじょの □《ひと》に あう。

⑧ もうすぐ なつ□《やす》みです。

⑨ みちを □《ただ》しく わたろう。

⑩ つりざおの □《さき》が おれる。

8かい 標準レベル

かんじテスト（かんじを かく）

5ふん

とくてん　/100

● □の なかに かんじを かきましょう。（一つ10てん…100てん）

① あかちゃんが □《う》まれた。

② □《おとこ》のこは □□《ごにん》 います。

③ □《おんな》のこは □□《ろくにん》 います。

④ かばんに □《ほん》を いれる。

⑤ しゅくだいで さく□《ぶん》を かく。

⑥ □□《がっこう》が □《だい》すきです。

⑦ □□□《いちねんせい》が あつまった。

⑧ じぶんの □《な》まえを いう。

⑨ □□《せんせい》は やさしい。

⑩ みちで お□《かね》を ひろう。

9かい ハイレベ ハイレベル かんじテスト（かんじのひつじゅん）

5ふん　とくてん　/100

● あかい　ところは　なんばんめに　かきますか。□に　すうじで　こたえましょう。（一つ10てん…100てん）

【れい】二……3ばんめ

①九……□ばんめ

②十……□ばんめ

③月……□ばんめ

④水……□ばんめ

⑤先……□ばんめ

⑥円……□ばんめ

⑦中……□ばんめ

⑧正……□ばんめ

⑨上……□ばんめ

⑩右……□ばんめ

10かい

ハイレベ ハイレベル

かんじテスト（かんじの ひつじゅん）

5ふん

とくてん　／100

● あかい ところは なんばんめに かきますか。
□に すうじで こたえましょう。
（一つ10てん…100てん）

【れい】 下……3 ばんめ

① 左……□ばんめ

② 生……□ばんめ

③ 男……□ばんめ

④ 女……□ばんめ

⑤ 学……□ばんめ

⑥ 校……□ばんめ

⑦ 年……□ばんめ

⑧ 本……□ばんめ

⑨ 文……□ばんめ

⑩ 名……□ばんめ

11かい

ハイレベ ハイレベル

かんじテスト（かんじの かくすう）

5ふん

とくてん　/100

● つぎの かんじは なんかいで かきますか。□に すうじで こたえましょう。（一つ10てん…100てん）

【れい】木……4かい

① 日……□かい

② 水……□かい

③ 男……□かい

④ 名……□かい

⑤ 学……□かい

⑥ 月……□かい

⑦ 女……□かい

⑧ 火……□かい

⑨ 大……□かい

⑩ 下……□かい

12かい

ハイレベ ハイレベル

かんじテスト（かんじの かくすう）

5ふん

とくてん　／100

● つぎの かんじは なんかいで かきますか。□に すうじで こたえましょう。（1つ10てん…100てん）

【れい】人……2かい

①本……□かい

②休……□かい

③文……□かい

④先……□かい

⑤生……□かい

⑥小……□かい

⑦右……□かい

⑧左……□かい

⑨円……□かい

⑩年……□かい

13かい

ハイレベ ハイレベル

かんじテスト（かんじを よむ）

5ふん

とくてん　／100

● ——せんの かんじの よみがなを かきましょう。（□1つ10てん…100てん）

① ガムを 一つ もらった。（　　）

② あめを 一こ たべる。（　　）

③ けしゴムを 二つ かった。（　　）

④ いしを 三つ ならべる。（　　）

⑤ ともだちが 四にん あつまる。（　　）

⑥ いもうとは 四さい です。（　　）

⑦ りんごを 五つ もらう。（　　）

⑧ つみきを 六つ つんだ。（　　）

⑨ おはじきを 七つ ならべる。（　　）

⑩ たまごを 八つ かう。（　　）

14かい

ハイレベ ハイレベル

かんじテスト（かんじを よむ）

5ふん

とくてん　／100

● ――せんの かんじの よみがなを かきましょう。（一つ10てん…100てん）

① かいがらを 九つ ひろう。（　　）

② くりを 十こ かった。（　　）

③ 十日かん れんしゅうする。（　　）

④ きっぷを 一人ずつ かった。（　　）

⑤ 一日に 十円ずつ ためる。（　　）（　　）

⑥ 百円で えんぴつを かう。（　　）

⑦ あしたは 休日です。（　　）

⑧ はな火は きれいだ。（　　）

⑨ ざい木を あつめる。（　　）

⑩ かわの 土てを あるく。（　　）

15かい

ハイレベ ハイレベル

かんじテスト（かんじを よむ）

5ふん

とくてん　/100

● ——せんの かんじの よみがなを かきましょう。（一つ10てん…100てん）

① こどもが　二千人　います。

② おにいさんは　大学生です。

③ おねえさんは　中学生です。

④ はやく　小学校へ　いきたい。

⑤ きれいな　小いしを　ひろう。

⑥ いそいで　二かいに　上がる。

⑦ ビルの　おく上に　のぼる。

⑧ さむいので　上ぎを　きる。

⑨ かいだんを　下りる。

⑩ あるいて　山を　下る。

16かい

ハイレベ ハイレベル

かんじテスト（かんじを よむ）

5ふん

とくてん　／100

● ―せんの かんじの よみがなを かきましょう。（一つ10てん…100てん）

① つぎの かどを 右せつする。（　　）

② 左右を よく みる。（　　）

③ 人げんは 火を つかう。（　　）（　　）

④ この まちは 人口が おおい。（　　）

⑤ 先生に あいさつを した。（　　）

⑥ 男女あわせて 百人います。（　　）（　　）

⑦ あなたの 学年を いいなさい。（　　）

⑧ あには ゲームの 名人です。（　　）

⑨ てん文だいで ほしを みた。（　　）

⑩ もうすぐ お正月だ。（　　）

17かい

ハイレベ ハイレベル

かんじテスト（かんじを かく）

5ふん

とくてん　/100

● □の なかに かんじを かきましょう。（一つ10てん…100てん）

① みかんを □《ひと》つ たべる。

② バナナを □《ふた》つ もらう。

③ にんぎょうを □《みっ》つ かった。

④ いもを □《よっ》つ ほった。

⑤ あめを □《いつ》つ たべる。

⑥ りんごを □《むっ》つ もらう。

⑦ かいがらを □《なな》つ ひろう。

⑧ かずを □《やっ》つ かぞえた。

⑨ くりを □《ここの》つ もらった。

⑩ おやすみは □《とお》日《か》かんです。

18かい

ハイレベ ハイレベル

かんじテスト（かんじを かく）

5ふん

とくてん　／100

● □の なかに かんじを かきましょう。（一つ10てん…100てん）

① □□□《にせんえん》で かう。

② □□《がっこう》を □《やす》む。

③ □《すい》えいが □《だい》すきです。

④ やまから ざい□《もく》を はこぶ。

⑤ ひろい □《と》ちを たがやす。

⑥ □□《みっか》かん りょこうした。

⑦ イルカが □□《すいちゅう》に もぐる。

⑧ □《しょう》じきな □《ひと》に あった。

⑨ □《すい》えい□《たい》かいに でる。

⑩ やまで □□《おおおとこ》に あった。

19かい

ハイレベ ハイレベル

かんじテスト（かんじを かく）

5ふん

とくてん ／100

● □の なかに かんじを かきましょう。（一つ10てん…100てん）

① □□《せんせい》と □《て》を つなぐ。

② もりの □《こ》みちを あるく。

③ にもつを たなに □《あ》げる。

④ かばんを □《お》ろす。

⑤ □□《だんじょ》とも がんばった。

⑥ かみに □□《がくねん》を かいた。

⑦ うみで □《にん》ぎょを みた。

⑧ □□□《しょうがっこう》は たのしい。

⑨ □《だん》しは □《みぎ》に ならぶ。

⑩ □《じょ》しは □《ひだり》に ならぶ。

20かい

ハイレベ ハイレベル

かんじテスト（かんじを かく）

5ふん

とくてん
/100

● □の なかに かんじを かきましょう。（1つ10てん…100てん）

① □□《がっこう》の □《な》まえを いう。

② いき□□《さき》を きく。

③ □《き》が □《は》えている。

④ ゲームの □□《めいじん》に あった。

⑤ こどもが □□《ひゃくにん》 あつまる。

⑥ □《かな》づちで くぎを うつ。

⑦ □□《さゆう》を よく みる。

⑧ はやく □□《おとな》に なりたい。

⑨ はたを □□《じょうげ》に ふる。

⑩ あねは うたが □□《じょうず》です。

書《しょ》写《しゃ》の練習

●おてほんを よく みて、ひとりで かいて みましょう。

てほん

おおきな ゆきだるま

てほん

たのしい えんそく

てほん

きれいな あじさい

てほん

おいしい おべんとう

てほん

おもしろい おはなし

てほん
りっぱな　たてもの

てほん
まるい　おつきさま

てほん
すっぱい　うめぼし

てほん
あたらしい　おもちゃ

てほん
やわらかい　ほっぺた

てほん
やさしい　おかあさん

● おてほんを よく みて、ひとりで かいて みましょう。

てほん

とても あつかった

てほん

ので、つめたい ジュ

てほん

ースを のみました。

てほん

ともだちと こうえ

てほん

んに いって、すべり

てほん

だいで あそびました。

● おてほんを　よく　みて、ひとりで　かいて　みましょう。

てがみを　もらった
ので、すぐに　へんじ
を　かきました。

あめが　ふって　いる
ので、いえの　なかで
ほんを　よみました。

ハイレベ《ハイレベル》幼児こくご

1 初《しょ》級《きゅう》

こたえ

4・5ページのこたえ　一、ひらがなを よむ

ステップ・1

一 ひらがなを よむ

いっしょに しましょう

一 ただしい ものに ○を つけましょう。

①（○）いちご
②（　）くれよん
③（　）へび
④（○）はさみ
⑤（○）にんじん
⑥（　）でんしゃ
⑦（○）すいとう

二 なまえが 「か」で はじまる えに ○を、「さ」で はじまる えに △を つけましょう。

①（△）②（○）③（　）④（○）⑤（　）⑥（△）⑦（　）⑧（　）⑨（△）⑩（　）⑪（○）⑫（　）

三 ことばと えを ――で つなぎましょう。

① くつ
② ひも

四 えの どうぶつが すきな たべものは どれですか。○を つけましょう。

①（○）ばなな（　）ごぼう（　）わかめ
②（　）なし（　）みかん（○）まめ

かんじ	一	二	三
よみかた	イチ イツ ひと ひと・つ	ニ ふた ふた・つ	サン み み・つ みっ・つ
れんしゅう	一	二	三

かんじ	四	五	六
よみかた	シ よ よ・つ よっ・つ よん	ゴ いつ いつ・つ	ロク む む・つ むっ・つ むい
れんしゅう	四	五	六

6・7ページのこたえ　一、ひらがなを よむ

ステップ・2

一 ひらがなを よむ

ひとりで できるかな

一 えと ことばを つなぎましょう。

① りんご　みかん　ぶどう
② にんじん　ごぼう　だいこん

二 ひろしくんが みせで かって きたものに ○を つけましょう。

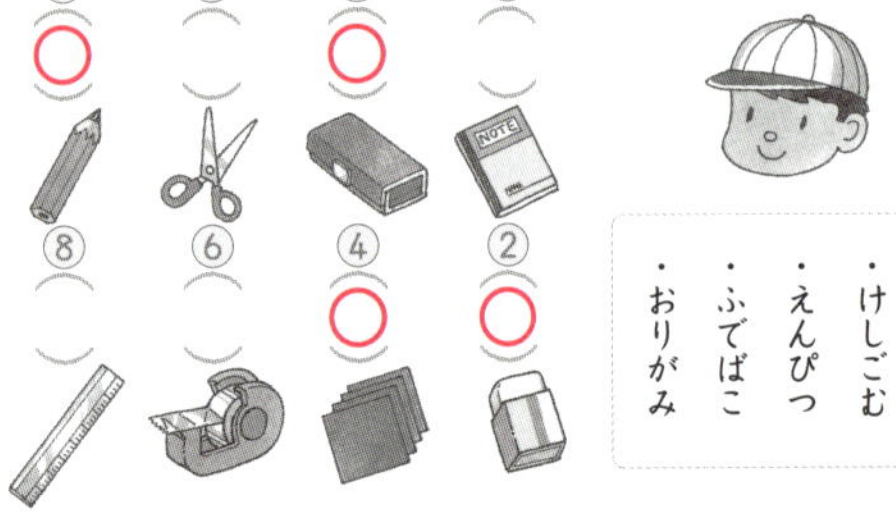

（かった もの）
・けしごむ
・えんぴつ
・ふでばこ
・おりがみ

①（　）②（○）③（○）④（○）⑤（　）⑥（　）⑦（○）⑧（　）

三 えの なまえを □ から みつけて （　）に あ〜お で こたえましょう。

①（う）②（え）③（い）

あ はなび　い うきわ　う ぼうし　え みずぎ　お おもちゃ

四 つぎの ことばの なかで、「な」の じを みつけて ○で かこみましょう。

すなはま・りんご
せっけん・とだな
だいこん・なみだ
かなづち・たまご

五 つぎの どうぶつの なかで、たべものを もっている のは だれですか。○を つけましょう。

① にんじん（○）
② きゅうり（○）
③ かなづち（　）
④ つくえ（　）
⑤ もも（○）
⑥ やかん（　）

8・9ページのこたえ　一、ひらがなを　よむ

ステップ・3

一 ひらがなを　よむ

どんどん　やってみよう

一　くまさんが　もって　いる　ことばと　おなじ　ことばに　○を　つけましょう。

①　（○）あめ　（　）かめ　（　）あみ　（　）あし　（　）さめ

②　（　）かい　（○）かさ　（　）かた　（　）あさ　（　）かり

二　えと　あう　ことばを　えらんで　あ～こで　こたえましょう。

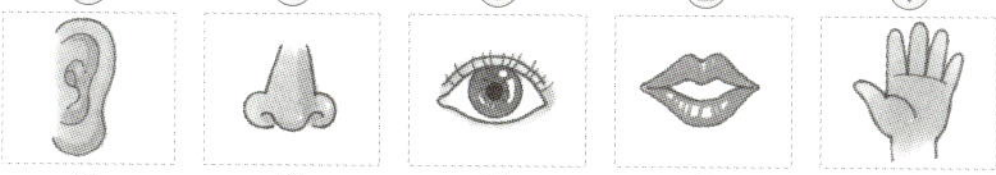

①　お　②　う　③　あ　④　く　⑤　か

あ　め　い　ゆび　う　くち　え　あし　お　て　か　みみ　き　うで　く　はな　け　ひざ　こ　くび

三　えを　みて　あとの　もんだいに　こたえましょう。

★　いちばん　とおい　おみせは　どこですか。○を　かきましょう。

あ（　）おかしやさん
い（　）こうえん
う（○）くだものやさん
え（　）はなやさん

四　しごとで　つかう　どうぐに　○を　つけましょう。

①

あ（　）ほうき
い（○）ちゅうしゃき
う（　）つめきり

②

あ（　）つりざお
い（　）かなづち
う（○）ほうちょう

10・11ページのこたえ　一、ひらがなを　よむ

ステップ・4

一 ひらがなを　よむ

なんてん　とれるかな

じかん　15ふん

とくてん　／100

一　えに　あう　ぶんを　□から　えらんで　（　）に　かきましょう。（一つ5てん・15てん）

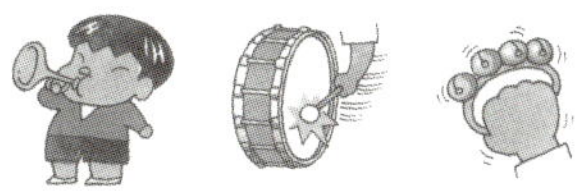

①　（う）　②　（い）　③　（あ）

あ　らっぱを　ふく。
い　たいこを　たたく。
う　すずを　ならす。

二　しりとりが　できる　ように　（　）に　はいる　ことばを　□から　えらんで　かきましょう。（一つ10てん・30てん）

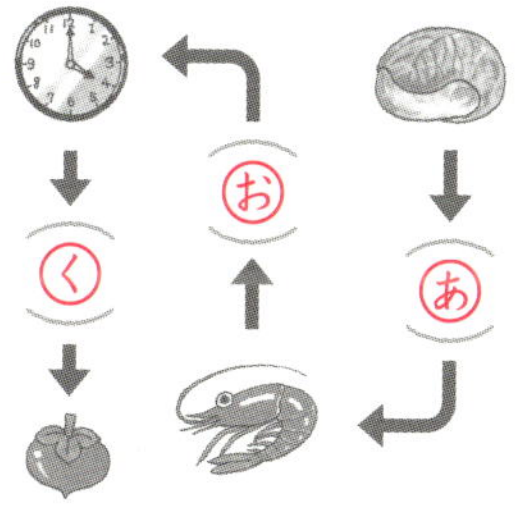

（あ）　（お）　（く）

あ　つくえ　い　つき　う　おやつ　え　くるま　お　びすけっと　か　こま　き　いぬ　く　いか

三　えの　なまえを　したから　みつけて　○で　かこみましょう。（一つ5てん・20てん）

①　（ちくわ）・わさび　はなわ・つくし　たくわん・ぼう

②　はし・あし　みみ・（はな）　そら・はれ

③　すり・そり　いも・ごま　（くり）・あり

④　さら・（なべ）　さじ・なみ　くし・なつ

四　なまえが　「あ」で　はじまる　えを　○で　かこみましょう。（一つ5てん・20てん）

五　うえの　えと　したの　なまえを　――せんで　つなぎましょう。（一つ5てん・15てん）

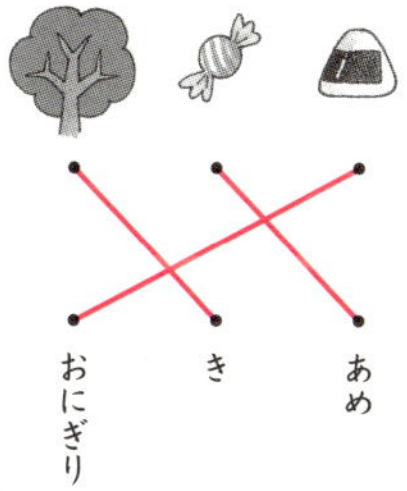

14・15ページのこたえ　二、ひらがなを　かく

ステップ・1

二 ひらがなを　かく
いっしょに　しましょう

一　つぎの　えの　なまえを　かきましょう。

① かば
② きつね
③ とんぼ
④ りんご
⑤ くるま
⑥ かえる

二　まちがいを　なおして　ただしく　かきましょう。

① ふうれん → ふうせん
② よびわ → ゆびわ
③ ちりちり → ちりとり
④ まぬいた → まないた

14

三　つぎの　えは　けんちゃんの　かぞくです。□の　なかに　あう　じを　かきましょう。

① けんちゃん
② お とうさ ん
③ おかあ さん

四　「た」で　はじまる　ものを　みつけて　□に　なまえを　かきましょう。

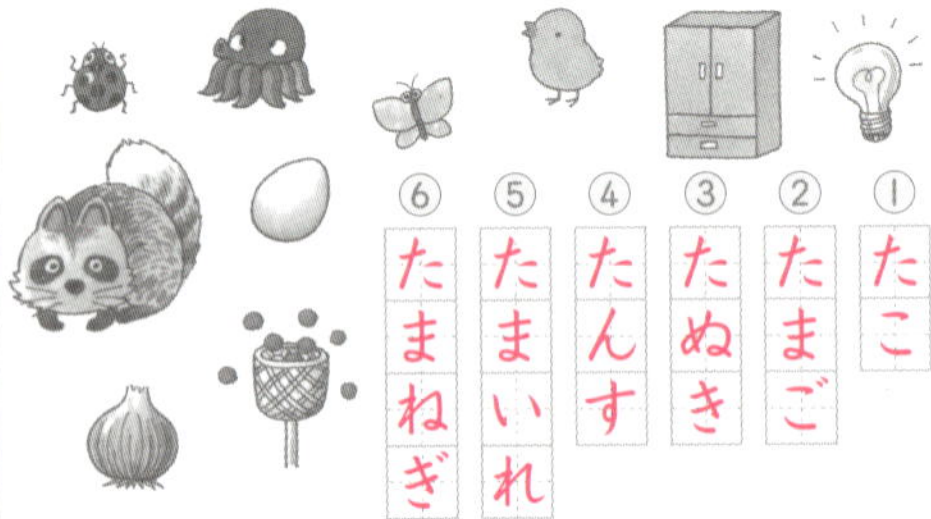

① たこ
② たまご
③ たぬき
④ たんす
⑤ たまいれ
⑥ たまねぎ

かんじ	七	八	九
よみかた	シチ なな なな・つ なの	ハチ や や・つ やっ・つ よう	キュウ ク ここの ここの・つ
れんしゅう	七	八	九

かんじ	十	月	日
よみかた	ジュウ ジッ とお と	ゲツ ガツ つき	ニチ ジツ ひ か
れんしゅう	十	月	日

15

16・17ページのこたえ　二、ひらがなを　かく

ステップ・2

二 ひらがなを　かく
ひとりで　できるかな

一　えの　なまえに　なるように　□に　じを　かきましょう。

① か ぶ と む し
② あ か ち ゃ ん

二　つぎは　てんきの　えです。どんな　てんきかを　ことばで　かきなさい。

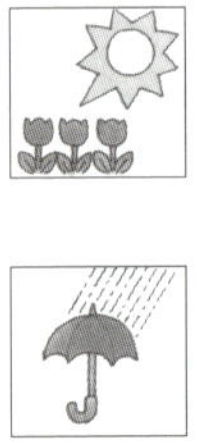

① はれ
② あめ

三　つぎは　ひらがなの　かき　じゅんです。□に　おなじ　ひらがなを　かきましょう。

① し　に　は → は
② 一　ナ　あ → あ
③ 一　ち　を → を
④ み → み
⑤ つ　カ　か → か
⑥ 一　十　せ → せ
⑦ 一　ニ　ま → ま

16

四　つぎの　えの　なかで　そらに　みえるものを　えらんで　あとの　□に　ひらがなを　いれましょう。

① ほし
② つき
③ くも

五　うさぎ、きつね、くまの、それぞれが　つったものの　なまえを　かきましょう。

① うさぎ → あきかん
② きつね → ながぐつ
③ くま → さかな

17

ステップ・3

二 ひらがなを　かく
どんどん　やってみよう

一 しりとりあそび　です。○の　なかに　じを　いれて　ことばを　つくりましょう。

→ きも（の） → （り）す → い（も） → らっこ → り（ん）ご → ごま → ら（く）だ → だいず

二 うえの　えに　あうように　ただしく　かきなおしましょう。

① ふく → ふぐ
② せいふ → さいふ
③ めずみ → ねずみ
④ だいけん → だいこん
⑤ うでどけえ → うでどけい

三 つぎの　えを　みて　あとの　もんだいに　こたえましょう。

① すべりだいには　どんな　どうぶつが　いますか。
（いぬ）

② ねこは　なにで　あそんで　いますか。
（ぶらんこ）

③ すなばで　あそんで　いるのは　だれですか。
（うま・ぞう）

四 つぎの　えと　おなじ　なかまの　えを　あとの　□から　みつけて　ひらがなで　かきましょう。

① くぎ
② にんじん
③ てぶくろ
④ たんぽぽ

ステップ・4

二 ひらがなを　かく
なんてん　とれるかな

じかん　15ふん

とくてん　/100

一 □に　じを　かいて　えに　あう　ことばに　しましょう。（一つ5てん・30てん）

① さくらんぼ
② てがみ
③ もち
④ かばん
⑤ ざぶとん
⑥ かたつむり

二 てがみが　とどきました。えの　なまえを　□に　ひらがなで　かきましょう。（一つ5てん・15てん）

おいしい　①が　できました。②と　いっしょに　おくります。こんど　③を　おくって　ください。

① ぶどう
② くり
③ もも

三 まちがって　いる　じに　×を　つけ、そのよこに　ただしく　かきなおしましょう。（一つ5てん・35てん）

① う×　し
② さ×　つ　ま×　い　も
③ い×　ろ　えん×　ぴ　つ
④ い×　す
⑤ か×　ら　す
⑥ しま×　う　ま
⑦ へ×　び

四 りすが　めいろを　とおります。だれの　ところに　いくでしょうか。（5てん）

（こたえ）
うさぎ

五 うえの　えの　なまえを　かきましょう。（一つ5てん・15てん）

① れんこん
② ねぎ
③ うちわ

24・25ページの こたえ　三、ことば あつめ

ステップ・1

三 ことば あつめ　いっしょに しましょう

一　えと はんたいの ことばを、□から さがして、（　）に かきましょう。

①（よわい）
②（あつい）
③（かるい）

あまい・かるい・さむい
あつい・おもい・よわい
つよい・からい・ひろい

二　ものの なまえが かいて あります。れいぞうこに いれる ものを ○て かこみなさい。

でんわ　（たまご）　いと
（とまと）　わごむ　（なし）
えんぴつ　（にく）　（さかな）
はんかち　（もやし）
いす　（しいたけ）　（かい）
本《ほん》　つくえ　ぼうし
（すいか）　えのぐ

三　さかなの なまえを さがして（　）に かきましょう。

かまきり　かつお
せみ　ふうせん　さんま
たい　もぐら　ひらめ

（かつお・さんま・たい・ひらめ）

四　「えんぴつ」と おなじ なかまの ことばを 三つ さがして ○て かこみましょう。

うわぐつ　（けしごむ）
ふりかけ　（したじき）
とけい　（ものさし）

かんじ	よみかた	れんしゅう
円	エン　まる・い	円 円円円
人	ジン　ニン　ひと	人人
本	ホン　もと	一十オ木本

五　□の なかの ことばを 三つの なかまに わけて □の なかに かきましょう。

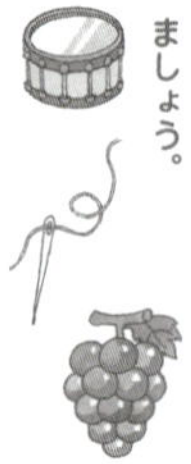

はり・すず・ぶどう
ふえ・もも・いと
ぬの・たいこ・かき

はり	いと	ぬの
すず	ふえ	たいこ
ぶどう	もも	かき

かんじ	よみかた	れんしゅう
百	ヒャク	一丆丆百百百
千	セン　ち	千二千
火	カ　ひ	火火火火

26・27ページの こたえ　三、ことば あつめ

ステップ・2

三 ことば あつめ　ひとりて てきるかな

一　えの なまえて まちがっ ている じに ×をつけ、ただしい じを よこに かきましょう。

① す~~く~~め　ず
② あく~~ひ~~　び
③ りん~~こ~~　ご
④ ふ~~て~~~~は~~こ　でば

二　まちがっている じに ×をつけ、ただしい じを よこに かきましょう。

① あん~~は~~んは おいしい。　ぱ
② ろ~~は~~の みみは ながい。　ば

三　なかまはずれの ことばを さがして（　）の なかに かきましょう。

① ぞうきん・ちりとり・ほうき・つくえ・ごみばこ　（つくえ）
② ねこ・いぬ・からす・さる・ぞう・ねずみ　（からす）
③ あか・あお・みどり・くろ・えき・しろ・みずいろ　（えき）

四　（　）に あてはまるものを かきましょう。

【れい】あかい もの　→（とまと）
① しろい もの　→（ゆき）
② きいろい もの　→（ばなな）
③ ちいさい もの　→（あり）
④ ながい もの　→（せんろ）
⑤ はやい もの　→（くるま）
⑥ つめたい もの　→（こおり）
⑦ あまい もの　→（あめ）
⑧ ひかる もの　→（ほし）

※ ほかにも あります。

五　つぎの えに あうことばを □から えらんて（　）に かきましょう。

①（ごくごく）
②（ぱたぱた）
③（ごしごし）
④（ぱくぱく）

ごしごし・ごろごろ
ぱくぱく・めりめり
かりかり・ごくごく
すやすや・ぱたぱた

28・29ページのこたえ　三、ことば　あつめ

ステップ・3

三 ことば　あつめ
どんどん　やってみよう

一 □の　ひらがなを　どこに　いれると、えに　あう　ことばに　なりますか。（　）に　その　しるしを　かきましょう。

① え（○）ん（△）ぴつ（□）ずり　け　（□）

② た（○）け（△）こ　の　（△）

③ す（○）べ（△）り（□）だ（◎）　い　（◎）

二 えを　よくみて　ちょうど　よい　ひらがなを　□に　かきましょう。

① ぎゅう にゅうを のむ。

② てを あらう。

③ ほんを よむ。

28

三 つぎの　ことばを　あとの　三つの　なかまに　わけましょう。

あり・からす・さくら
せみ・はと・たんぽぽ
とんぼ・ゆり・すずめ
つばめ・ほたる・すみれ

① むし　あり　せみ　とんぼ　ほたる

② とり　からす　はと　すずめ　つばめ

③ はな　さくら　たんぽぽ　ゆり　すみれ

四 いえが　ならんで　たって　います。あとの（　）の　なかに　どうぶつの　なまえを　かきましょう。

① とらの　いえは　くまと（うさぎ）の　あいだに　あります。

② ぞうと　うさぎの　いえの　あいだに（ひつじ）の　いえが　あります。

③ まどが　たくさんあるのが（うさぎ）の　いえです。

29

30・31ページのこたえ　三、ことば　あつめ

ステップ・4

三 ことば　あつめ
なんてん　とれるかな

じかん 15ふん

とくてん　/100

一 つぎの　えの　なまえを　ひらがなで　かきましょう。（一つ4てん・28てん）

① だいこん

② きゅうり

③ ひまわり

④ てつぼう

⑤ あさがお

⑥ なわとび

⑦ にわとり

二 どうぶつたちが　たべたがって　いる　ものの　なまえを　かきましょう。（一つ4てん・12てん）

① さくらんぼ

② おもち

③ すいか

30

三 えを　みて　□に　なまえを　かきましょう。（一つ5てん・30てん）

① りんごの　かわを　むく。

② ごはんを　たべる。

③ くるまで　でかける。

④ はさみで　きる。

⑤ はを　みがく。

⑥ かがみを　みる。

四 えを　よく　みて　ちょうど　よい　ひらがなを　□に　かきなさい。（一つ5てん・30てん）

① かいだんを　あがる。

② いすに　すわる。

③ ぼうに　のぼる。

④ えんぴつを　けずる。

⑤ でんわを　かける。

⑥ いろを　ぬる。

31

ステップ・1

四 かたかなを　つかう
いっしょに　しましょう

一　えと　ことばが　あうように　――せんで　つなぎましょう。

①　②　③　④　⑤　⑥　⑦

ジュース　トランプ　キャベツ　ドライヤー　ウインナー　コアラ　チーズ　マイク　ライター　ピアノ

二　つぎの　ことばを　かたかなで　かきましょう。

① とらいあんぐる　トライアングル
② ねくたい　ネクタイ
③ ひやしんす　ヒヤシンス
④ えぷろん　エプロン

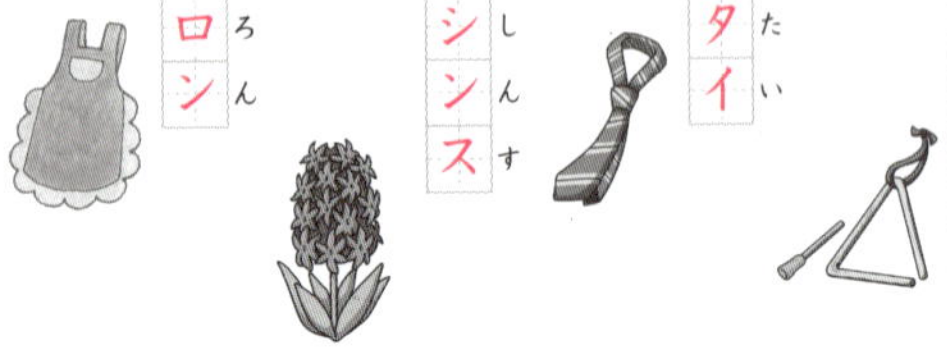

三　□の　なかに　かたかなを　かいて、えの　なまえに　しましょう。

① シャンプー（ン）
② スポンジ（ス）
③ チョコレート（コ）
④ アイロン（ア）
⑤ クレヨン（ヨ）
⑥ カメラ（ラ）

かんじ	水	木	金
よみかた	スイ みず	モク ボク き こ	キン コン かね かな
れんしゅう	水	木	金

四　きつつきが　つついて　かたかなの　じが　きえて　しまいました。□に　ただしく　かきましょう。

① カスタネット → タ
② サンドイッチ → チ
③ ロボット → ト
④ サッカーボール → カ
⑤ テレビ → テ

かんじ	土	休	大
よみかた	ド ト つち	キュウ やすむ やすまる やすめる	ダイ タイ おお おおきい おおいに
れんしゅう	土	休	大

ステップ・2

四 かたかなを　つかう
ひとりで　できるかな

一　まちがって　いる　じに　×を　つけ、よこに　ただしく　かきなおしましょう。

① ネク×イ　タ
② メ×ン　ロ
③ ×コップ　ス
④ ×ア　ド
⑤ ポ×ト　ス
⑥ ジャ×　ム
⑦ ×ップ　コ

二　うえの　ききゅうは、どこに　おりると　一つの　ことばに　なりますか。――せんで　つなぎましょう。

① カ　□ライヤー　□ンガルー　□ーヒー
② ハ　□ーモニカ　□レンダー　□イロット
③ ダ　□イオン　□ンバリン　□イヤモンド

三　つぎの　もんだいを　しましょう。

① ペンギンは　どの　くだものの　ところへ　いくでしょうか。（バナナ）
② メロンの　ところへ　いくのは　だれですか。（パンダ）
③ レモンの　ところへ　いくのは　だれですか。（ライオン）

四　えの　なまえを　□から　さがして　（　）に　かきましょう。

① （コスモス）
② （タンバリン）
③ （タイヤ）
④ （シャツ）
⑤ （オムレツ）
⑥ （ソーセージ）

カーネーション・タイヤ
スカート・オムレツ
ソーセージ・シャツ
タンバリン・コスモス

ステップ・3

四 かたかなを　つかう
どんどん　やってみよう

38

一　●と■を——せんで　つないで　えに　あう　ことばに　しましょう。

トラ——ンプ
ラケ——ット
マヨ——ネーズ
ハーモ——ニカ
ワン——ピース
ネック——レス
チュー——リップ

二　えの　なまえで　まちがっている　じに　×を　つけ、□に　ただしい　じを　かきましょう。

カ×タネット　ス
バイオ×ン　リ
カメ×　ラ
オート×イ　バ
ス×ート　ケ
カー×ン　テ
ナイ×　フ

三　えの　なまえの　なかで　ひらがなを　みつけて　×を　つけ、□に　かたかなを　かきましょう。

×ップコーン　ポ
ヘリ×プター　コ
サン×イッチ　ド
リュック×ック　サ
グ×ーブ　ロ
×リン　プ
×ンガルー　カ
レインコー×　ト

四　ひこうきで　せかいの　くにぐにを　とびまわりました。①〜⑤の　くにの　なまえを　かたかなで　かきましょう。

① カナダ《かなだ》
② アメリカ《あめりか》
③ イギリス《いぎりす》
④ インド《いんど》
⑤ オーストラリア《おーすとらりあ》

ステップ・4

四 かたかなを　つかう
なんてん　とれるかな

じかん　15ふん
とくてん　／100

40

一　つぎは　いろいろな　ものおとです。□に　かたかなで　かきましょう。（一つ4てん・16てん）

① ドンドン《どんどん》
② ポタポタ《ぽたぽた》
③ ゴロゴロ《ごろごろ》
④ パタパタ《ぱたぱた》

二　まちがった　かたかなを、□に　ただしく　かきなおしましょう。（一つ4てん・16てん）

① タ　タ
② カ　カ
③ ホ　ホ
④ オ　オ

三　みほちゃんは、ゆうえんちで　あそびました。□に　あう　かたかなを　かきましょう。（一つ4てん・16てん）

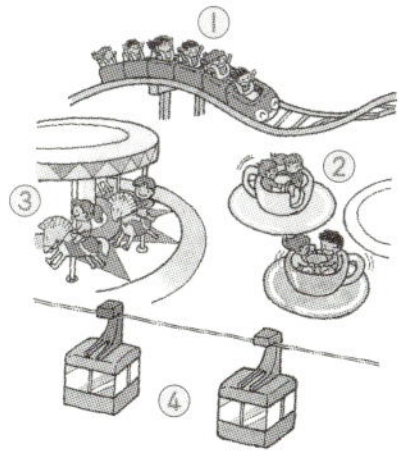

① ジェットコースター
② コーヒーカップ
③ メリーゴーランド
④ ロープウェイ

四　かたかなで　かく　ことばを　みつけて　◯で　かこみ、そのよこに　かたかなで　かきましょう。（一つ4てん・20てん）

① うみに　いく　ときは　（さんだる）を　はく。　サンダル
② おばあちゃんが　（とらんぷ）と　（ぱずる）を　かってくれた。　トランプ　パズル
③ ぼくは　（かすてら）より　（めろんぱん）の　ほうが　すきだ。　カステラ　メロンパン

五　つぎの　えの　なかから　かたかなで　かくものを　三つ　さがして、（　）に　かたかなで　かきましょう。（一つ4てん・12てん）

（コップ）
（ギター）
（カレーライス）

六　つぎの　ことばを　かたかなで　かきましょう。（一つ4てん・20てん）

① あいろん（アイロン）
② がらす（ガラス）
③ てれび（テレビ）
④ らんぷ（ランプ）
⑤ りずむ（リズム）

44・45ページのこたえ　五、「を」「は」「へ」の つかいかた

ステップ・1

五 「を」「は」「へ」の つかいかた

いっしょに しましょう

一 上《うえ》と 下《した》を ただしく ——せんで つなぎましょう。

① ほうたいを
② こうえんへ
③ いぬに えさを
④ あかちゃんは
⑤ そうじを
⑥ りんごを
⑦ いえへ

いく　まく　する　やる　かえる　かわいい　たべる

二 □の 中《なか》に 「を」「は」「へ」の どれかを かきましょう。

① おばあちゃんの いえ［へ］ あそびに いきました。

② いもうと［は］ ピアノ［を］ ならいに いった。

③ よるに こうえん［へ］ はなび［を］しに いった。

④ うみで かい［を］ ひろったので うち［へ］ もって かえった。

三 どちらか よいほうに ○を つけましょう。

① ふうせん （○を／お） ふくらませる。

② むぎちゃ （わ／○は） おいしい。

③ プール （○へ／え） いこう。

かんじ	中	小	正	上
よみかた	チュウ なか	ショウ ちいさい こ お	セイ ショウ ただしい ただ・す まさ	ジョウ うえ うわ かみ あげる あがる のぼる
れんしゅう				

四 まちがっている じに ×を つけ、そのよこに ただしく かきましょう。

① うさぎ✕は にんじんが すきです。

② くま✕は もり✕へ いった。

③ たぬき✕を みに いった。

④ すずめ✕を にがして やった。

かんじ	下	左	右	先
よみかた	カ ゲ した しも さげる さがる くだる	サ ひだり	ウ ユウ みぎ	セン さき
れんしゅう				

46・47ページのこたえ　五、「を」「は」「へ」の つかいかた

ステップ・2

五 「を」「は」「へ」の つかいかた

ひとりで できるかな

一 「を」「は」「へ」の つかいかたが ただしいものに ○を つけましょう。

① （○） くまは 大《おお》きい。
② （　） ひろばえ いく。
③ （○） 日《にっ》きを かく。
④ （　） ねこわ かわいい。
⑤ （　） いええ むかう。
⑥ （○） いなかへ かえる。

二 □に 「え」「へ」を かきましょう。

① スーパー［へ］ いって、［え］びを かいました。

② ［え］んぴつを かばんの 中《なか》［へ］ いれた。

③ どうぶつえん［へ］ ［え］んそくで いきました。

三 よい ものに ○を つけましょう。

① かみに のり （お／へ／○を） つける。

② となりの いえ （え／○へ／は） あそびに いく。

③ かばんに 本 （○を／お／は） しまう。

④ はな （へ／え／○を） ベランダに かざる。

四 「を」「は」「へ」の つかいかたが ただしいものに ○を つけましょう。

① （○） すいかを たべる。
（　） すいかに たべる。
（　） すいかへ たべる。

② （　） いけえ つりに いく。
（○） いけへ つりに いく。
（　） いけを つりに いく。

③ （○） えんそくへ いく。
（　） へんそくへ いく。
（　） えんそくが いく。

ステップ・3

五 「を」「は」「へ」の つかいかた

どんどん やってみよう

一 えに あうように □に ことばを いれて、（ ）に「を」「は」「へ」を かきましょう。

① いぬ（は） さるが きらい。

② パン（を） たべる。

③ キャンディーを ポケット（へ） しまう。

二 □に「を」「は」「へ」を かきましょう。

① その みち を まっすぐ に すすんだ。すこしして うみ へ でた。

② わたし は くだものや さん へ みかん を かいに いきました。

③ てがみが うちに とどいたので ぼく は すぐに へんじ を かきました。

三 「を」「は」「へ」の つかいかたの まちがって いる ところに ×を つけ、よこに ただしく かきなおしましょう。

① てんき× は くもりだ。

② そと× へ とびだした。

③ トマト× は おいしい。

④ りんご× を たべた。

⑤ ごみばこ× へ すてた。

⑥ かさ× を さした。

⑦ いもうと× は 四さいです。

四 つぎの ぶんで「を」「は」「へ」の つかいかたの ただしい ものに ○を しなさい。

① （ ）プールの 水《みず》を つめたい。

② （○）本《ほん》を よむ。

③ （ ）はへ みがく。

④ （○）ゆうえんちへ いく。

⑤ （ ）おねえちゃんを かみのけが ながい。

⑥ （○）せんせいは おこると こわい。

⑦ （ ）おべんとうは たべた。

⑧ （○）やまへ むしとりに でかけた。

ステップ・4

五 「を」「は」「へ」の つかいかた

なんてん とれるかな

じかん 15ふん　とくてん ／100

一 □に「を」「は」「へ」を いれて 上《うえ》と 下《した》を ——せんで つなぎましょう。（一つ5てん・30てん）

① パン を —— たべる。

② やま へ —— いく。

③ ぞう は —— 大《おお》きい。

④ ゲーム を —— する。

⑤ くすり を —— のむ。

⑥ なつ は —— あつい。

二 □に「を」「は」「へ」を いれて かきましょう。（一つ4てん・20てん）

おとうさん は つりが 大《だい》すきです。いつも つりのどうぐ を たくさん もって いけ へ でかけます。さかなが いっぱい つれた日《ひ》は とても うれしそうです。この つぎは うみ へ つりに いくと いって いました。

三 えに あう ように □に「を」「は」「へ」を いれましょう。（一つ5てん・20てん）

① ぶどう を たべる。

② へいの むこうがわ へ いく。

③ あめ は よるまで ふり つづいた。

④ はなに 水《みず》を やる。

四 つぎの えに あうように、あとの □から ことばを えらんで （ ）に かきいれましょう。（一つ10てん・30てん）

① （おちゃを） いれる。

② てがみを （ポストへ） いれる。

③ やまの （えを） かく。

ポストへ・てがみを・おちゃを・おちゃは・えは・えを・ポストを

54・55ページのこたえ　六、小《ちい》さく　かく字《じ》

ステップ・1

六 小《ちい》さく　かく　じ

いっしょに　しましょう

一　えの　なまえに　なるように　□に　小《ちい》さく　かく　じを　いれましょう。

【れい】しゃしん

① ちょきんばこ
② じゅうえんだま
③ はっぱ
④ かぼちゃ
⑤ でんしゃ
⑥ ラッパ

二　小《ちい》さく　かく　じを　つかって　いる　ことばは　どれですか。○を　つけましょう。

① （○）しゃしょうさん
② （　）たまごやき
③ （○）がっこう
④ （　）とうもろこし
⑤ （○）ホットケーキ
⑥ （　）ひこうき
⑦ （○）ロケット

三　小《ちい》さく　かく　じに　きを　つけて、正《ただ》しく　かきましょう。

① じてんしゃ
② しゃぼんだま
③ チューリップ
④ じゃがいも

かんじ	生	男	女	学
よみかた	セイ　ショウ　い-きる　う-まれる　は-える　なま	ダン　ナン　おとこ	ジョ　おんな	ガク　まな-ぶ
れんしゅう	生	男	女	学

四　えを　みて　正《ただ》しい　ほうに　○を　つけましょう。

① （○）きょうりゅう　（　）きゃうりゅう
② （　）しゃうゆ　（○）しょうゆ
③ （　）ちゅわん　（○）ちゃわん
④ （○）じょうろ　（　）じゅうろ

かんじ	校	年	名	文
よみかた	コウ	ネン　とし	メイ　ミョウ　な	ブン　モン
れんしゅう	校	年	名	文

56・57ページのこたえ　六、小《ちい》さく　かく字《じ》

ステップ・2

六 小《ちい》さく　かく　じ

ひとりで　できるかな

一　えの　なまえを　□に　かきましょう。

① きっぷ
② ちょうちょ
③ かっぱ

二　えを　みて　正《ただ》しい　ほうに　○を　つけましょう。

① （　）ショークリーム　（○）シュークリーム
② （○）パイナップル　（　）パイナォプル

三　小《ちい》さく　かく　じを　みつけて　×を　つけましょう。

① き~~ゆ~~うり
② きんぎ~~よ~~
③ うち~~ゆ~~うせん
④ し~~よ~~うねん
⑤ ピーナ~~ツ~~ツ
⑥ しんじ~~ゆ~~の　ゆびわ

四　上《うえ》の　えに　あう　ことばに　なるように　——せんで　正《ただ》しく　つなぎましょう。

① ほう — ちょう
② キャラ — メル
③ にん — ぎょ
④ ひょう — たん
⑤ ビス — ケット
⑥ ちゅう — しゃき
⑦ しゅう — まい
⑧ ちょ — きん
⑨ びょう — いん

五　つぎの　ことばは　小《ちい》さく　かく　じが　まちがって　います。□に　正《ただ》しく　かきなおしましょう。

① ちゃうしんき → よ
② ちょびん → や
③ はゃぴ → っ
④ きかんしょ → や
⑤ ヨャト → ッ
⑥ きょうかんちょう → ゅ
⑦ たっきゃう → ゅ

58・59ページのこたえ　六、小《ちい》さく　かく字《じ》

ステップ・3

六 小《ちい》さく　かく　じ
どんどん　やってみよう

一　いきものの　なきごえを　小《ちい》さく　かく　じを　つかって　正《ただ》しく　かきましょう。

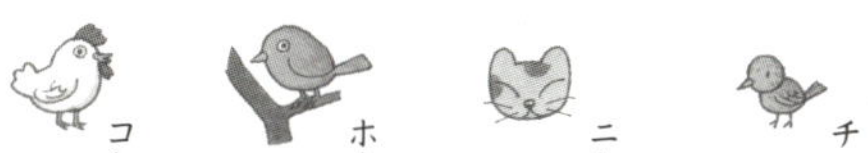

チュンチュン（チュンチュン）
ニャーニャー（ニャーニャー）
ホーホケキョ（ホーホケキョ）
コケコッコー（コケコッコー）

二　——せんの　かんじの　よみがなを　小《ちい》さく　かく　じを　つかって　かきましょう。

① 三つ（みっ）
② 六つ（むっ）
③ 中くらい（ちゅう）
④ 小学校《がっこう》（しょう）
⑤ 十まい（じゅう）

三　えの　なまえに　なるように □ に　じを　いれましょう。

① ちゃいろ
② ジャングルジム
③ ケチャップ
④ ジュース
⑤ きゅうきゅうしゃ
⑥ きって

四　小《ちい》さく　かく　じを　つかった　ことばが　ならんでいます。正《ただ》しい　ことばに　○を　つけ、下《した》の　えと　——せんで　つなぎましょう。

①（　）ちゅき（　）ちっき（○）ちょき（　）ちゃき
②（　）コッペ（○）コップ（　）ゴップ（　）コュプ
③（　）こうちょ（　）こうちっ（　）こうちゅ（○）こうちゃ

（① ちょき — ピースのえ、② コップ — コップのえ、③ こうちゃ — こうちゃのえ　を　せんで　つなぐ）

60・61ページのこたえ　六、小《ちい》さく　かく字《じ》

ステップ・4

六 小《ちい》さく　かく　じ
なんてん　とれるかな

じかん　15ふん
とくてん　／100

一　どこに「ッ」を　いれると　ただしい　ことばに　なりますか。しるしで　こたえましょう。（一つ6てん・24てん）

① ビ○ス△ケ□ト（□）
② ネ○ク△レ□ス（○）
③ オ○リ△ンピ□ク（□）
④ ド○グ△フ□ー◎ド（○）

二　「●」と「■」を　正《ただ》しく　つないで　一つの　ことばに　しましょう。（一つ6てん・36てん）

① ひゃく — てん
② マス — カット
③ ニュー — ス
④ ポケ — ット
⑤ キャ — ンプ
⑥ がっ — こう

三　□ に　じを　かいて　えに　あう　ことばを　つくりましょう。（一つ4てん・16てん）

① おもちゃの　ロボット
② でんしゃ　ごっこ
③ サンドイッチ
④ チョコレートパフェ

四　（　）の　中《なか》に、あとの □ から　ことばを　みつけて、かきましょう。小《ちい》さく　かく　じは　正《ただ》しく　かきなおして　かきいれましょう。（一つ6てん・24てん）

① もう　おそいので（パジャマ）に　きがえた。
② みずうみで（はくちょう）に　えさを　やった。
③ しおと（こしょう）で　あじを　つけた。
④ フライパンで　にくを　やくと（ジュー）と　おとが　した。

はくちよう・ジユー
こしよう・パジヤマ

12ページの　こたえ　こくごクイズ 一

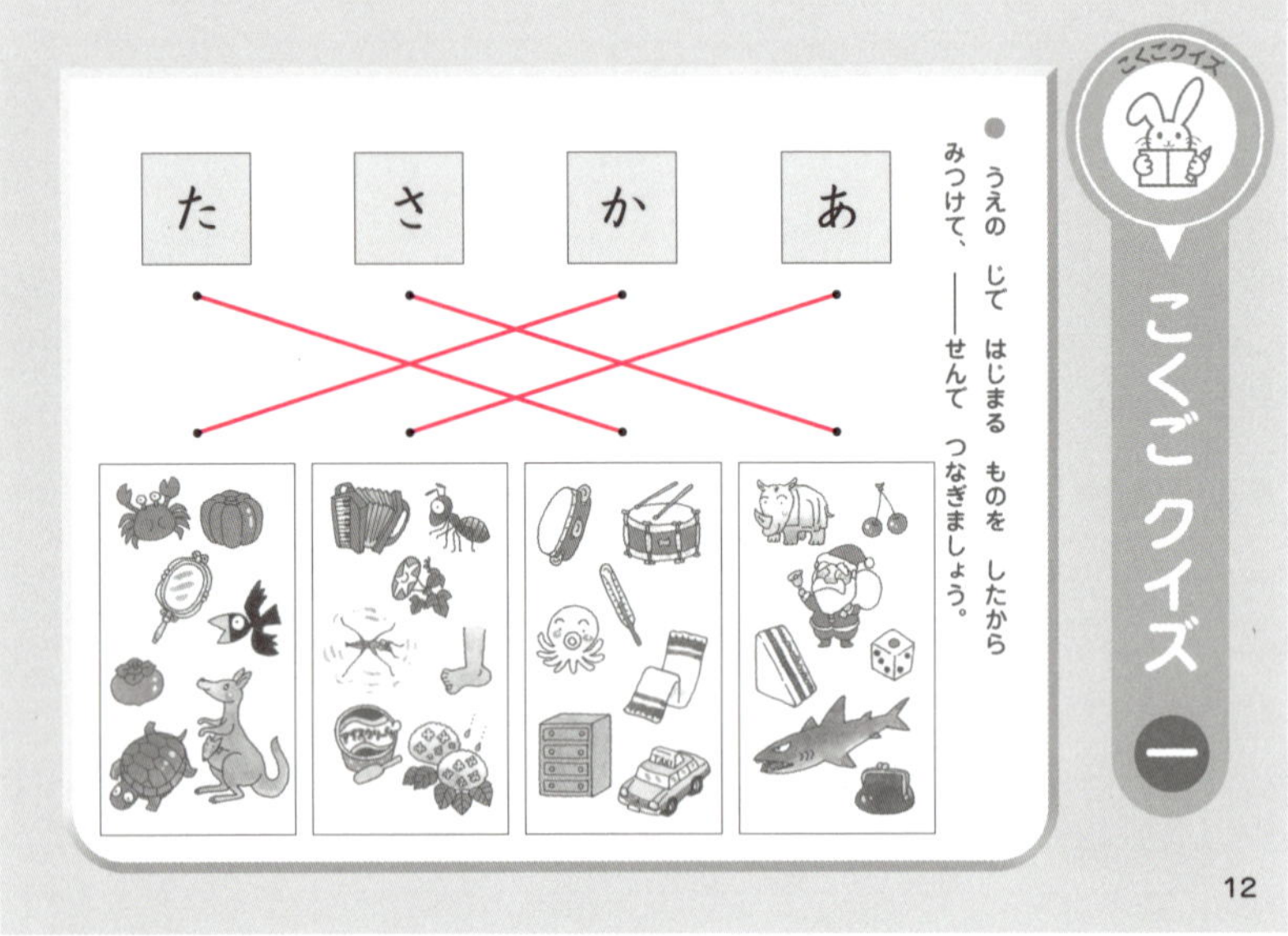

こくごクイズ
こくご クイズ 一
● うえの　じで　はじまる　ものを　したから　みつけて、――せんで　つなぎましょう。
あ
か
さ
た
12

22ページの　こたえ　こくごクイズ 二

こくごクイズ
こくご クイズ 二
● ことばを　かいた　かみを、やぎが　たべて　しまいました。なんの　じの　ところを　たべて　しまったのでしょう。ひだりの □ に　かきましょう。
ひ
ら
が
な
22

ハイレベ《ハイレベル》 幼児こくご

1 初級《しょきゅう》

こくごクイズ こたえ

32ページの　こたえ　こくごクイズ㊂

こくごクイズ

こくご クイズ 三

● うさぎさんが　おかいものに　いきます。やじるしの　ところから　しりとりを　して、うさぎさんが　いく　おみせに　○を　つけましょう。

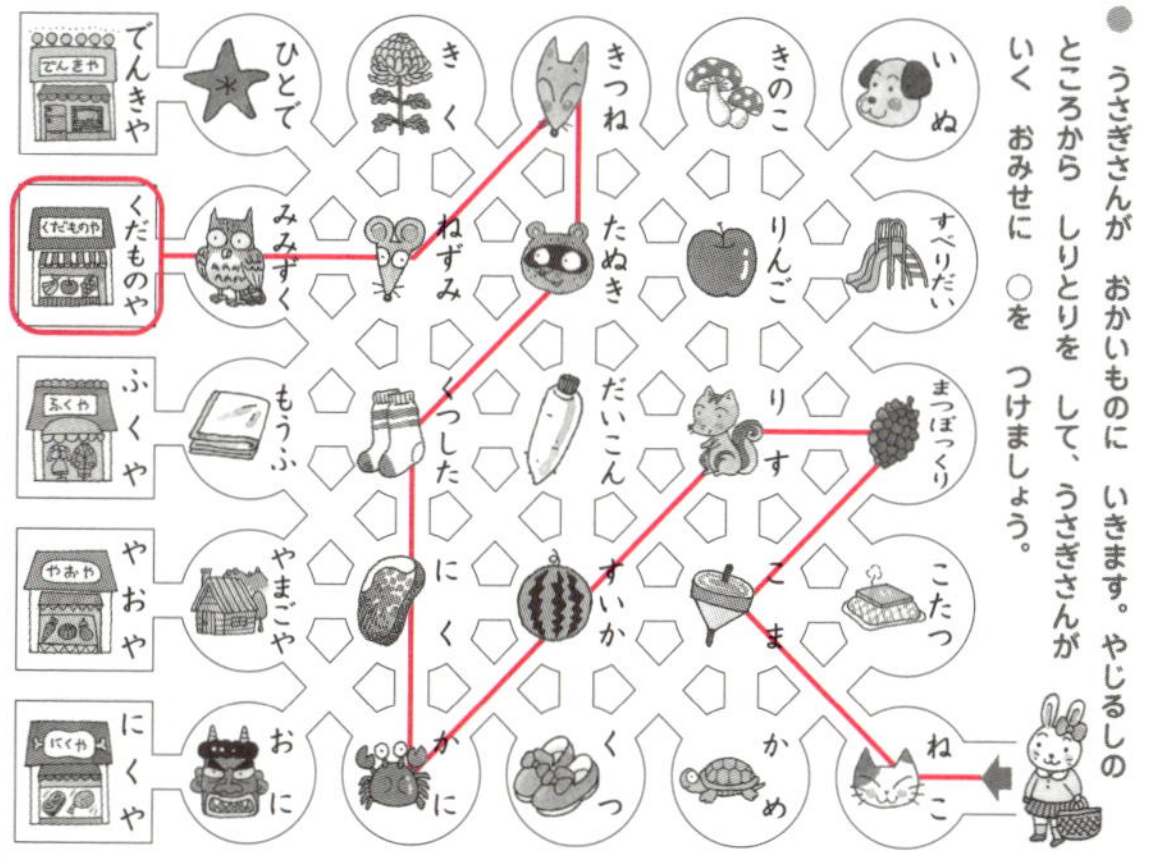

32

42ページの　こたえ　こくごクイズ㊃

こくごクイズ

こくご クイズ 四

● □の　なかに　かたかなを　かいて、ことばを　つくりましょう。

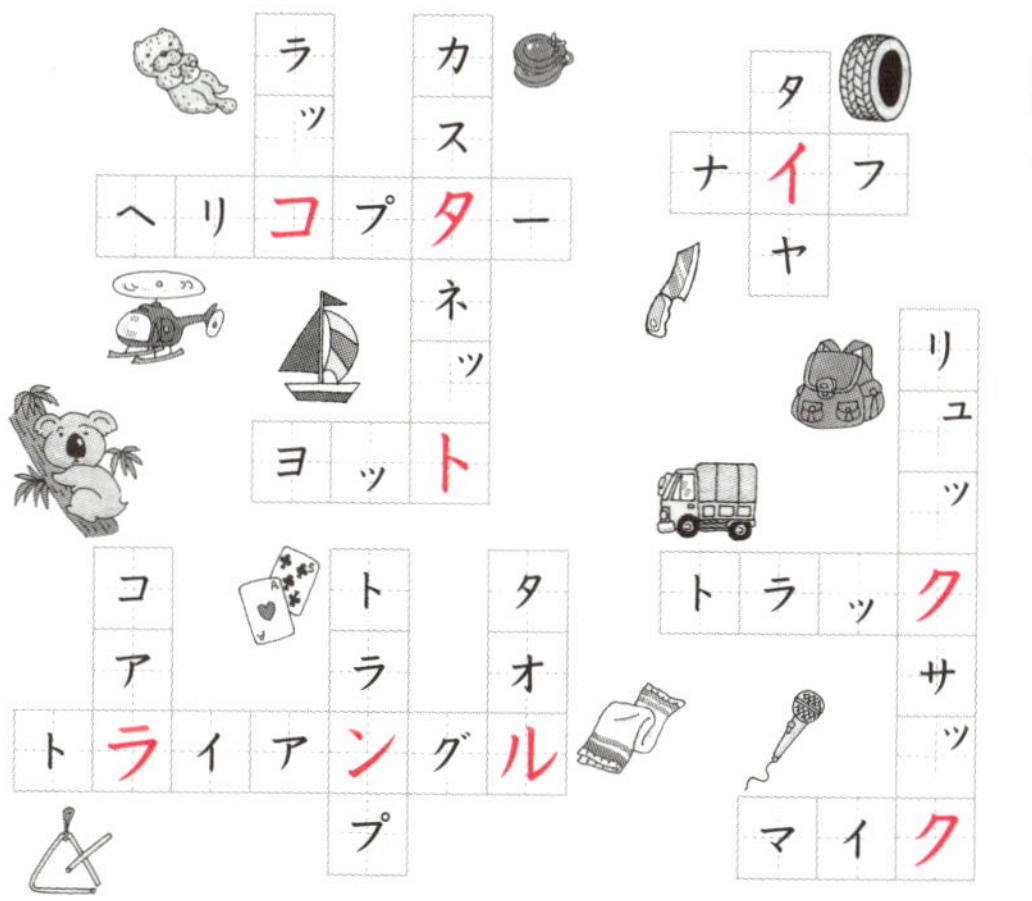

42

52ページの　こたえ　こくごクイズ㊄

こくごクイズ

こくご クイズ 五

● どうぶつさんが　じを　かきました。ただしく　かいて　いる　どうぶつさんを　みつけて、□に　○を　かきましょう。

- おをかみ　□
- うがいを　しましょう。　○
- こんにちは　○
- わたしわ　どうぶつです。　□
- へんぴつ　□
- どうぶつえんえ　いきました。　□
- あさがお　○
- はなやさんへ　はなお　かいに　いきました。　□
- にはとり　□
- せみを　とりに　やまへ　いきました。　○

52

62ページの　こたえ　こくごクイズ㊅

こくごクイズ

こくご クイズ 六

● おはじきの　下《した》には　それぞれ　小《ちい》さく　かく　じが　かくれています。その　じを　みつけて、下《した》の　□の　中《なか》に　かきましょう。

- ぎ✿うに✿う
- やき✿う
- じ✿んばん
- き✿うり
- き✿うき✿うしゃ

ゆ

- き✿ぷ
- も✿きん
- が✿き
- て✿ぽう
- き✿て

つ

- し✿うぎ
- び✿ういん
- きんぎ✿
- き✿うそう
- ひ✿うたん

よ

- ちゅうし✿
- ひ✿くえん
- むぎち✿
- し✿しん
- し✿ぼんだま

や

62

ハイレベ 幼児こくご 1 初級《しょきゅう》

じつりょくテスト こたえ

63ページの こたえ　じつりょくテスト

じつりょくテスト

じかん 15ふん　とくてん /100

一 つぎの えの なまえを かきましょう。（一つ5てん・30てん）

① とけい
② すいか
③ ろうそく
④ ぶた
⑤ へび
⑥ すいとう

二 しりとりが できるように □に じを かきましょう。（一つ5てん・20てん）

① だちょう
② しまうま
③ くすり
④ ゴリラ

63

64ページの こたえ　じつりょくテスト

じつりょくテスト

三 なかまはずれの ことばを みつけて ○で かこみましょう。（一つ5てん・15てん）

① はり・いと・なすび・はさみ・ぬの
② きつね・ぞう・うま・すずめ・りす・しか
③ くるま・でんしゃ・ひこうき・うさぎ・ふね・じてんしゃ

四 つぎの □に「ツ」か「ッ」を いれましょう。（一つ5てん・15てん）

① ピンセット
② ピーナツ
③ ブルドッグ

五 □に「を」「は」「へ」を いれましょう。（一つ5てん・20てん）

① 大《おお》きな にもつを もって りょこうへ でかけます。
② くもは いとで すを つくります。
③ うみへ いくと、なみは いつもより 大《おお》きかった。
④ あそんで かえって きた ときは てを しっかりと あらいましょう。

64

ハイレベ《ハイレベル》幼児こくご 1 初《しょ》級《きゅう》

かんじテスト こたえ

66ページの こたえ かんじテスト かんじを よむ

1かい 標準レベル かんじテスト (かんじを よむ) 5ふん とくてん ／100

● ――せんの かんじの よみがなを かきましょう。（一つ10てん…100てん）

① くるまが 一だい あります。（いち）

② かいを 二こ みつけた。（に）

③ えを 三まい かいた。（さん）

④ かみに 四かくを かく。（し）

⑤ こぶたが 五ひき います。（ご）

⑥ ほんが 六さつ あります。（ろく）

⑦ あさ 七じに おきる。（しち）

⑧ あめを 八こ もらった。（はち）

⑨ きょうから 九がつです。（く）

⑩ こどもが 十にん います。（じゅう）

67ページの こたえ かんじテスト かんじを よむ

2かい 標準レベル かんじテスト (かんじを よむ) 5ふん とくてん ／100

● ――せんの かんじの よみがなを かきましょう。（一つ10てん…100てん）

① きょうは 日よう日です。（にち）（び）

② きれいな 月を みた。（つき）

③ 十円だまが おちている。（じゅうえん）

④ おかあさんに 百円 もらう。（ひゃくえん）

⑤ はなに 水を やる。（みず）

⑥ マッチで 火を つける。（ひ）

⑦ 木で いぬごやを つくる。（き）

⑧ にわの 土を ほる。（つち）

⑨ この すいかは 千円だ。（せんえん）

⑩ 大きな はなが さいた。（おお）

68ページの こたえ かんじテスト かんじを よむ

3かい 標準レベル かんじテスト（かんじを よむ） 5ふん とくてん /100

● ―せんの かんじの よみがなを かきましょう。（1つ10てん…100てん）

① いえの 中に はいる。（なか）

② 小さな いぬと あそぶ。（ちい）

③ やまの 上の くもを みた。（うえ）
④ はしから 下を みる。（した）
⑤ 大きく 右てを ふった。（おお）（みぎ）
⑥ くるまが 左に まがる。（ひだり）
⑦ むらの 人たちに てを ふる。（ひと）

⑧ このへんで すこし 休もう。（やす）
⑨ 正しい じを かこう。（ただ）

⑩ この先に いけが ある。（さき）

69ページの こたえ かんじテスト かんじを よむ

4かい 標準レベル かんじテスト（かんじを よむ） 5ふん とくてん /100

● ―せんの かんじの よみがなを かきましょう。（1つ10てん…100てん）

① ぼくは 六月に 生まれた。（ろくがつ）（う）
② 男のこは げんきです。（おとこ）
③ あの 女のこは やさしい。（おんな）

④ え本を たくさん よむ。（ほん）
⑤ きのう さく文を かいた。（ぶん）
⑥ さあ、しっかり 学ぼう。（まな）
⑦ きょうは 金よう日だ。（きん）（び）

⑧ あさ はやく 学校へ いく。（がっこう）
⑨ わたしは 一年生です。（いちねんせい）
⑩ ノートに 名まえを かく。（な）

70ページの こたえ かんじテスト かんじを かく

5かい 標準レベル かんじテスト（かんじを かく） 5ふん とくてん /100

● □の なかに かんじを かきましょう。（1つ10てん…100てん）

① 一《いち》がつは さむい。
② ほんを 二《に》さつ よんだ。

③ いもうとは 三《さん》さいです。
④ ぼくは 四《し》がつに うまれた。

⑤ えんぴつを 五《ご》ほん かった。
⑥ あには 六《ろく》ねんせいです。
⑦ あさ 七《しち》じに いえを でた。
⑧ はなが 八《はち》ほん さいている。

⑨ よる 九《く》じに ねる。
⑩ おとなが 十《じゅう》にん あつまる。

71ページの こたえ かんじテスト かんじを かく

6かい 標準レベル かんじテスト（かんじを かく） 5ふん とくてん /100

● □の なかに かんじを かきましょう。（1つ10てん…100てん）

① ゆう日《ひ》が きれいだ。

② きのう お月《つき》みを した。
③ じめんに 円《えん》を かいた。
④ 一から 百《ひゃく》まで かぞえた。

⑤ コップに 水《みず》を いれる。
⑥ はな火《び》で あそぶ。

⑦ にわに 木《き》を うえる。
⑧ はたけの 土《つち》を たがやす。
⑨ こどもが 千《せん》人《にん》 いる。
⑩ 大《おお》きな あくびを する。

72ページの こたえ かんじテスト かんじを かく

7かい 標準レベル

かんじテスト（かんじを かく）

5ふん とくてん /100

● □の なかに かんじを かきましょう。（□10てん…100てん）

① かばんの 中《なか》を しらべる。
② おとうとは 小《ちい》さい。
③ いすの 上《うえ》に のぼる。
④ くつ下《した》を はく。
⑤ 右《みぎ》てで ボールを なげる。

⑥ 左《ひだり》てで ボールを うける。
⑦ きんじょの 人《ひと》に あう。
⑧ もうすぐ なつ休《やす》みです。
⑨ みちを 正《ただ》しく わたろう。
⑩ つりざおの 先《さき》が おれる。

73ページの こたえ かんじテスト かんじを かく

8かい 標準レベル

かんじテスト（かんじを かく）

5ふん とくてん /100

● □の なかに かんじを かきましょう。（□10てん…100てん）

① あかちゃんが 生《う》まれた。
② 男《おとこ》のこは 五《ご》人《にん》います。
③ 女《おんな》のこは 六《ろく》人《にん》います。
④ かばんに 本《ほん》を いれる。
⑤ しゅくだいで さく文《ぶん》を かく。

⑥ 学《がっ》校《こう》が 大《だい》すきです。
⑦ 一《いち》年《ねん》生《せい》が あつまった。
⑧ じぶんの 名《な》まえを いう。
⑨ 先《せん》生《せい》は やさしい。
⑩ みちで お金《かね》を ひろう。

74ページの こたえ かんじテスト かんじの ひつじゅん

9かい ハイレベ

かんじテスト（かんじの ひつじゅん）

5ふん とくてん /100

● あかい ところは なんばんめに かきますか。
□に すうじで こたえましょう。（□10てん…100てん）

【れい】二……3ばんめ

① 九……1ばんめ
② 十……2ばんめ
③ 月……2ばんめ
④ 水……4ばんめ
⑤ 先……3ばんめ
⑥ 円……3ばんめ
⑦ 中……4ばんめ
⑧ 正……3ばんめ
⑨ 上……1ばんめ
⑩ 右……2ばんめ

75ページの こたえ かんじテスト かんじの ひつじゅん

10かい ハイレベ

かんじテスト（かんじの ひつじゅん）

5ふん とくてん /100

● あかい ところは なんばんめに かきますか。
□に すうじで こたえましょう。（□10てん…100てん）

【れい】下……3ばんめ

① 左……2ばんめ
② 生……3ばんめ
③ 男……3ばんめ
④ 女……1ばんめ
⑤ 学……8ばんめ
⑥ 校……6ばんめ
⑦ 年……5ばんめ
⑧ 本……5ばんめ
⑨ 文……3ばんめ
⑩ 名……2ばんめ

76ページの こたえ　かんじテスト　かんじの かくすう

11かい　ハイレベ　かんじテスト（かんじの かくすう）　5ふん　とくてん　/100

● つぎの かんじは なんかいて かきますか。□に すうじで こたえましょう。（1つ10てん…100てん）

【れい】木……4かい

① 日……4かい
② 水……4かい
③ 男……7かい
④ 名……6かい
⑤ 学……8かい
⑥ 月……4かい
⑦ 女……3かい
⑧ 火……4かい
⑨ 大……3かい
⑩ 下……3かい

77ページの こたえ　かんじテスト　かんじの かくすう

12かい　ハイレベ　かんじテスト（かんじの かくすう）　5ふん　とくてん　/100

● つぎの かんじは なんかいて かきますか。□に すうじで こたえましょう。（1つ10てん…100てん）

【れい】人……2かい

① 本……5かい
② 休……6かい
③ 文……4かい
④ 先……6かい
⑤ 生……5かい
⑥ 小……3かい
⑦ 右……5かい
⑧ 左……5かい
⑨ 円……4かい
⑩ 年……6かい

78ページの こたえ　かんじテスト　かんじを よむ

13かい　ハイレベ　かんじテスト（かんじを よむ）　5ふん　とくてん　/100

● ―せんの かんじの よみがなを かきましょう。（1つ10てん…100てん）

① ガムを 一つ もらった。（ひと）
② あめを 一こ たべる。（いっ）
③ けしゴムを 二つ かった。（ふた）

④ いしを 三つ ならべる。（みっ）
⑤ ともだちが 四にん あつまる。（よ）
⑥ いもうとは 四さい です。（よん）
⑦ りんごを 五つ もらう。（いつ）
⑧ つみきを 六つ つんだ。（むっ）

⑨ おはじきを 七つ ならべる。（なな）
⑩ たまごを 八つ かう。（やっ）

79ページの こたえ　かんじテスト　かんじを よむ

14かい　ハイレベ　かんじテスト（かんじを よむ）　5ふん　とくてん　/100

● ―せんの かんじの よみがなを かきましょう。（1つ10てん…100てん）

① かいがらを 九つ ひろう。（ここの）

② くりを 十こ かった。（じっ）
③ 十日かん れんしゅうする。（とおか）
④ きっぷを 一人ずつ かった。（ひとり）
⑤ 一日に 十円ずつ ためる。（いちにち）（じゅうえん）
⑥ 百円で えんぴつを かう。（ひゃくえん）
⑦ あしたは 休日です。（きゅうじつ）

⑧ はな火は きれいだ。（び）

⑨ ざい木を あつめる。（もく）
⑩ かわの 土てを あるく。（ど）

80ページの こたえ かんじテスト かんじを よむ

15かい ハイレベ かんじテスト（かんじを よむ） 5ふん とくてん /100

● ——せんの かんじの よみがなを かきましょう。（一つ10てん…100てん）

① こどもが 二千人 います。（にせんにん）

② おにいさんは 大学生です。（だいがくせい）

③ おねえさんは 中学生です。（ちゅうがくせい）

④ はやく 小学校へ いきたい。（しょうがっこう）

⑤ きれいな 小いしを ひろう。（こ）

⑥ いそいで 二かいに 上がる。（あ）

⑦ ビルの おく上に のぼる。（じょう）

⑧ さむいので 上ぎを きる。（うわ）

⑨ かいだんを 下りる。（お）

⑩ あるいて 山を 下る。（くだ）

81ページの こたえ かんじテスト かんじを よむ

16かい ハイレベ かんじテスト（かんじを よむ） 5ふん とくてん /100

● ——せんの かんじの よみがなを かきましょう。（一つ10てん…100てん）

① つぎの かどを 右せつする。（う）

② 左右を よく みる。（さゆう）

③ 人げんは 火を つかう。（にん）（ひ）

④ この まちは 人口が おおい。（じんこう）

⑤ 先生に あいさつを した。（せんせい）

⑥ 男女あわせて 百人います。（だんじょ）（ひゃくにん）

⑦ あなたの 学年を いいなさい。（がくねん）

⑧ あには ゲームの 名人です。（めいじん）

⑨ てん文だいで ほしを みた。（もん）

⑩ もうすぐ お正月だ。（しょうがつ）

82ページの こたえ かんじテスト かんじを かく

17かい ハイレベ かんじテスト（かんじを かく） 5ふん とくてん /100

● □の なかに かんじを かきましょう。（一つ10てん…100てん）

① みかんを 一《ひと》つ たべる。

② バナナを 二《ふた》つ もらう。

③ にんぎょうを 三《みっ》つ かった。

④ いもを 四《よっ》つ ほった。

⑤ あめを 五《いつ》つ たべる。

⑥ りんごを 六《むっ》つ もらう。

⑦ かいがらを 七《なな》つ ひろう。

⑧ かずを 八《やっ》つ かぞえた。

⑨ くりを 九《ここの》つ もらった。

⑩ おやすみは 十《とお》日《か》かんです。

83ページの こたえ かんじテスト かんじを かく

18かい ハイレベ かんじテスト（かんじを かく） 5ふん とくてん /100

● □の なかに かんじを かきましょう。（一つ10てん…100てん）

① 二千円《にせんえん》で かう。

② 学校《がっこう》を 休《やす》む。

③ 水《すい》えいが 大《だい》すきです。

④ やまから ざい木《もく》を はこぶ。

⑤ ひろい 土《と》ちを たがやす。

⑥ 三日《みっか》かん りょこうした。

⑦ イルカが 水中《すいちゅう》に もぐる。

⑧ 正《しょう》じきな 人《ひと》に あった。

⑨ 水《すい》えい大《たい》かいに でる。

⑩ やまで 大男《おおおとこ》に あった。

84ページの こたえ かんじテスト かんじを かく

ハイレベ幼児こくご1 初級

19かい ハイレベ ハイレベル

かんじテスト（かんじを かく）

5ふん とくてん /100

● □の なかに かんじを かきましょう。（1つ10てん…100てん）

① 先生《せんせい》と 手《て》を つなぐ。

② もりの 小《こ》みちを あるく。

③ にもつを たなに 上《あ》げる。

④ かばんを 下《お》ろす。

⑤ 男女《だんじょ》とも がんばった。

⑥ かみに 学年《がくねん》を かいた。

⑦ うみで 人《にん》ぎょを みた。

⑧ 小学校《しょうがっこう》は たのしい。

⑨ 男《だん》しは 右《みぎ》に ならぶ。

⑩ 女《じょ》しは 左《ひだり》に ならぶ。

85ページの こたえ かんじテスト かんじを かく

ハイレベ幼児こくご1 初級

20かい ハイレベ ハイレベル

かんじテスト（かんじを かく）

5ふん とくてん /100

● □の なかに かんじを かきましょう。（1つ10てん…100てん）

① 学校《がっこう》の 名《な》まえを いう。

② いき先《さき》を きく。

③ 木《き》が 生《は》えている。

④ ゲームの 名人《めいじん》に あった。

⑤ こどもが 百人《ひゃくにん》 あつまる。

⑥ 金《かな》づちで くぎを うつ。

⑦ 左右《さゆう》を よく みる。

⑧ はやく 大人《おとな》に なりたい。

⑨ はたを 上下《じょうげ》に ふる。

⑩ あねは うたが 上手《じょうず》です。